SIDE ASPENDOS PERGE

SILLYON • SELEUKIA • MANAVGAT • SELGE

VERFASSER

KAYHAN DÖRTLÜK

ARCHÄOLOGE

VERFASSER	: Kayhan DÖRTLÜK, Archäologe
ÜBERSETZUNG	: Hayriye BUYAN
FOTOS	: Ahmet ESİN, Bekir Baki AKSU, Tahsin AYDOĞMUŞ, Kadir KIR, Vefa KESKİN
GRAPHIK	: Gülten GENÇ
ILLUSTRATION	: Gülten GENÇ
SATZ	: Deniz ÇIRA
FARBKORREKTUR	: IŞIN Reprödüksiyon
VERLAG UND DRUCK	: Keskin Color Kartpostalcılık A.Ş.
VERTRIEB	: Keskin Color Kartpostalcılık A.Ş. Bağlar Mah. Çeşmealtı Sok. No: 23 34209 Güneşli - İSTANBUL Tel: 0 (212) 651 48 22 - 651 67 44 - 651 92 57 Fax: 550 12 66
FILIALE	: Kışla Mah. 47.Sk 7/1 07040 ANTALYA Tel.: 0 (242) 247 15 41 - 247 16 11 Fax: 247 16 11

ISBN 975-7559-63-6

2010

INHALT

TÜRKİYE
TURİSTİK HARİTA
TOURISTIC MAP

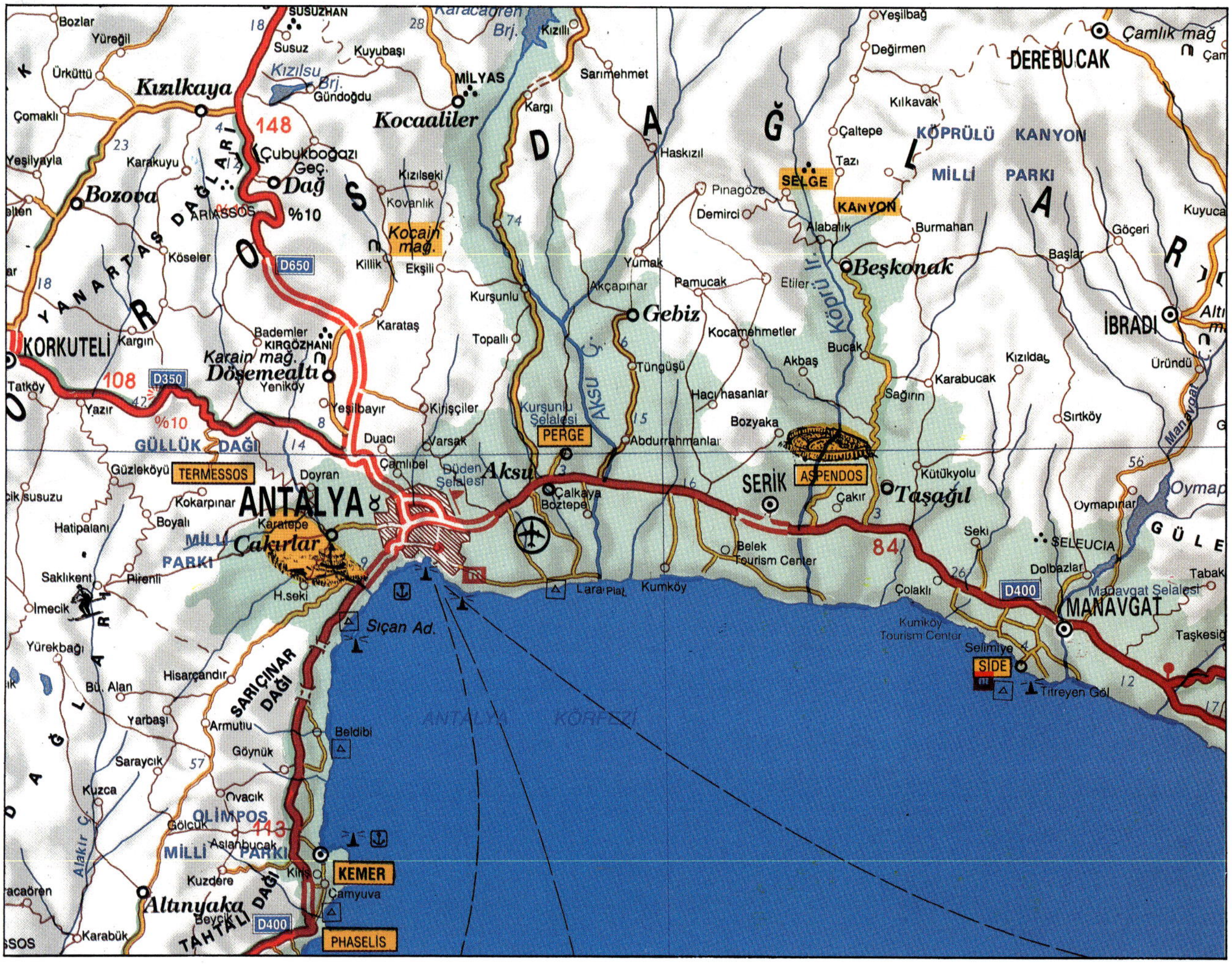
ANTALYA
KORKUTELİ
Kızılkaya
Bozova
Kocaaliler
Döşemealtı
Gebiz
Aksu
Beşkonak
SERİK
Taşağıl
MANAVGAT
DEREBUCAK
İBRADI
Çakırlar
Altınyaka
KEMER
PHASELIS
TERMESSOS
PERGE
ASPENDOS
SELGE
KANYON
SIDE
KÖPRÜLÜ KANYON MİLLİ PARKI
GÜLLÜK DAĞI
OLİMPOS MİLLİ PARKI
SARICINAR DAĞI
TAHTALI DAĞI
ANTALYA KÖRFEZİ
Sıçan Ad.
Kumköy
Belek Tourism Center
Kumköy Tourism Center
Titreyen Göl
Manavgat Şelalesi
Oymapınar
SELEUCIA
Kurşunlu Şelalesi
Düden Şelalesi
Karain mağ.
Kocain mağ.
D650
D350
D400
148
108
84
113

PERGE

Eine der bedeutenden Städte Pamphliens ist Perge, die 4 km westlich des Flusses Kestros (Aksu), in einer weiten Ebene zwischen zwei Hügeln gegründet wurde.
Die älteste Kunde aus der Antike über Perge in Pamphylien stammt vom Literaten Skylax, der zu Anfag des 5 Jh.v.Chr. gelebt hat. In der "Acta Apostola" der Bibel wird berichtet, dass "Paulus und seine Jünger von Paphos nach Perge segelten", woraus hervorgeht, dass sie per Schiff die Reise nach Perge machten. Der Kestros Fluss ist heute für einen Schiffsverkehr nicht mehr geeignet, spielte aber im Altertum eine wichtige Rolle für Perge, sowohl für die Landwirtschaft als auch für die Erträge aus dem Seehandel. Die Stadt lag in 12 km Entfernung vom Meer, hatte aber durch den Kestros Fluss die Vorteile einer Küstenstadt und war auch gleichzeitig gegen Überfälle von Seeräubern geschützt. Aus Spätkopien einer Weltkarte des 3. und 4.Jh.n.Chr. ist ersichtlich, dass Perge an der Haupstrasse, die bei Pergamon begann und bei Side endete, lag.
Laut Strabon wurde die Stadt von Kolonisten aus Argos unter der Führung der Helden Mopsos und Kalchas nach dem Ende des trojanischen Krieges gegründet. Philologische Quellen berichten, dass Achäer gegen Ende des 2. Jahrtausends nach Pamphylien kamen. Neben diesen Forschungsergebnissen wurde durch den Fund der Ktistes-Inschriften aus den Jahren 120-121 n.Chr. bei Ausgrabungen in 1953 im Innenhof des hellenistischen Stadttores, diese Kolonisation bestätigt. Laut Inschriften an Statuensockeln werden als Stadtgründer die sieben Helden Mopsos, Kalchas, Riksos, Labos, Machaon, Leonteus und Minyas genannt.
Bis Mitte des 4.Jh.v.Chr. findet man in Quellen keine Kunde über Perge. Zweifellos befand sich Perge bis zur Ankunft Alexander d. Grossen unter persischer Oberhoheit. In 334 v.Chr. ergab sich Perge, ohne Schwierigkeiten zu bereiten, Alexander d. Grossen. Dieses milde Verhalten Alexander d. Grossen gegenüber kann seinen Grund in der verfolgten Politik oder in der Tatsache haben, dass die Stadt über keine Stadtmauern zu ihrer Verteidigung verfügte.
Nach dem Tode Alexander d. Grossen blieb Perge eine kurze Zeit innerhalb der Grenzen des Staates von Antigonos, dann geriet es unter die Herrschaft der Seleukiden. Trotz des Friedensvertrages von Apameia in 188 v.Chr. dauerten die Grenzstreitigkeiten zwischen den Seleukiden und dem Königreich von Pergamon an. Der als Friedensstifter von Rom entsandte Konsul Manlius Vulso erfuhr, dass sich in Perge eine Garnison des Antiochos III. befand und belagerte die Stadt aus Ärger über das Aufhetzen des Königs von Pergamon in 188 v.Chr. Der Garnisonsbefehlshaber

Allgemeine Ansicht von Perge

PLAN VON PERGE

1 THEATER
2 STADION
3 STADTMAUERN
4 TOR DER SPÄTEREN EPOCHE
5 SÜDTHERME
6 HELLENISTISCHES TOR
7 NYMPHAEUM
8 AGORA
9 SÄULENSTRASSE
10 NORDNYMPHAEUM
11 TRIUMPHBOGEN DEMETRIOS-APOLLONIOS
12 PALAESTRA
13 NORD BASILIKA
14 NORD THERME
15 WEST BASILIKA
16 AKROPOLIS
17 NEKROPOLE

teilte mit, dass er die Stadt nicht ohne Erlaubnis seitens Antiochos III. übergeben könne und verlangte dafür eine Frist von 30 Tagen. Am Ende kam es zu einem Übereinkommen und Perge unter die Oberhoheit Pergamons.

Perge gewann ihre Unabhängigkeit wahrscheinlich in 133 v.Chr. zurück, als das Königreich Pergamon an die Römer überging.
Unter den in Perge verehrten Götter hatte Artemis einen besonderen Platz. Die auf hel-

Theater von Perge und allgemeine Ansicht der antiken Stadt

Innenansicht des Theaters von Perge

lenistischen Münzen im pamphylischen Dialekt als Vanassa Preiia bezeichnete, mit Anatolien alt verwurzelte Göttin, wird nach der griechischen Kolonisation Artemis Pergaia genannt. Ausser der Darstellung auf Münzen als Idol oder Göttin der Jagd konnten bei Ausgrabungen auch verschiedene Statuen und Reliefs der Perge Artemis gefunden werden. Das interessanteste Exemplar ist ihre Reliefdarstellung als Idol auf einem Pfeiler im Theater. Den Artemis Kult kann man ausser in Perge, noch in vielen anderen Städten und sogar in Übersee-Ländern finden.
Der im Altertum der Göttin Artemis Pergaia geweihte berühmte Tempel, konnte bis heute noch nicht gefunden werden. Der von einigen Literaten der Antike auf Grund seiner Grösse, Schönheit und Architektur als Wunder bezeichnete und für seine vergoldete Artemis Statue berühmte Tempel, ist uns vorläufig nur als schematische Darstellung auf Münzen bekannt.
Zu Beginn des römischen Kaiserreiches wurde auch Perge in 46 n.Chr. für die christliche Welt Schauplatz eines wichtigen Ereignisses. Im Abschnitt Acta Apostola der Bibel ist zu lesen, dass Apostel Paulus auf seiner Reise von Zypern nach Antiocheia in Pisidien auch nach Perge kam und

auf seiner Rückreise auf dem Weg nach Attaleia in Perge eine Predigt hielt. Mit dem Beginn der Kaiserzeit wurden in Perge viele bauliche Veränderungen vorgenommen und insbesondere im 2. und 3.Jh.n.Chr. war sie nicht nur Pamphyliens, sondern auch eine der schönsten Städte von ganz Anatolien.
Zur Zeit Konstantin d. Grossen (334-337) wurde das Christentum als Staatsreligion anerkannt und Perge zu einem wichtigen christlichen Zentrum, welche Stellung sie auch im 5. und 6.Jh. wahren konnte. Unruhen und Überfälle zwangen die Bevölkerung, sich hinter die Stadmauern zurückzuziehen und sich auf der Akrapolis zu verteidigen. Die arabischen Überfälle Mitte des 7. Jh.s n.Chr. brachten den Niedergang Perge's und die Auswanderung nach Antalya.
Das erste Bauwerk, das man beim Betreten der Stadt antrifft, ist das am Südhang des Kocabelen Hügels gebaute griechisch-römische Theather. Die Cavea etwas grösser als ein Halbkreis, wird durch eine breite Diazoma in zwei geteilt, deren untere Hälfte 19 und die obera 23 Sitzreihen aufweist, was auf rund 13.000 Sitzplätze schliessen lässt. Der obere Teil der Cavea ist mit der nach typisch

Ansicht des antiken römischen Bades

Ansicht des antiken römischen Bades

römischer Theater-Architektur gebauten Arkadengalerie umringt, die Ein- und Ausgänge hatte. Über Treppen und Gewölbegänge erreichten die Zuschauer die Diazoma und verteilten sich von hier aus auf ihre Sitzreihen.
Der zwischen Cavea und Bühnengebäude befindliche Orchestra-Teil ist grösser als ein Halbkreis. Er wurde für die Mitte des 3. Jh.n.Chr. sehr beliebten Gladiatoren- und Tierkämpfe als Arena benutzt und um ein Ausbrechen der wilden Tiere zu verhindern, wurde er mit Hermen aus Marmor umgeben, die als Pfosten für die durchführenden, geschnitzten Brüstungsplatten dienten.
Das heute noch zum Teil erhaltene zweistöckige Bühnengebäude mit seinem reichen Säulen- und Bildhauerschmuck wird ins 2. Jh.n.Chr. datiert. Zwischen den 5 Türen an der Vorderfront für die Schauspieler befand sich ein schmales Podium, auf welchem sich Säulen erhoben. Der prächtigste Teil des Theaters war dieses mit Marmor-Reliefs aus der Mythologie geschmückte Podium. Auf dem ersten Relief rechts ist die Personifikation des für Perge lebenswichtigen Flusses Kestros (Aksu) in Gestalt eines einheimischen Flussgottes mit einer Nymphe dargestellt. Vom zweiten Relief beginnend ist das Leben des Gründers und Beschützers der Theater Dionysos, Gott des Weines, in Reihenfolge von seiner Geburt an dargestellt. Dionysos ist der Sohn des Zeus und der Königstochter Semele, schön wie der Frühling. Die auf ihren Gemahl eifersüchtige Hera beschliesst Semele und deren Sohn zu töten. Sie greift zu einer List, und erscheint vor Semele als deren Mutter, überzeugt diese, Zeus anzuflehen, sich ihr zu zeigen. Die naive Semele fleht Zeus an. Zeus kann dem Flehen Semele's nicht widerstehen und fährt auf seinem mit goldenen Rädern geschmückten Wagen von Olympos herab. Semele kann seiner furchtbar blendenden Pracht nicht standhalten und verbrennt. Sterbend gebärt sie vor der Zeit die Frucht ihrer Liebe und Zeus nimmt den kleinen Sohn und birgt ihn in seiner Hüfte, bis die Zeit der Geburt kommt. Der Knabe wird Dionysos genannt. Um ihn vor Hera zu schützen, wird er von Hermes zum Berg Nysa getragen und den Nymphen zur Pflege übergeben. Die Nyphen ziehen ihn mit Liebe und Sorgfalt in einer Grotte gross. Der zum Jüngling he-

Pedimentfriese und Architravblöcke aus dem Theater

Ansicht des Theaters von Perge aus der Luft

rangewachsene Dionysos pflückt Weintrauben von der Wand der Grotte und trinkt den Saft und wird zum Spender des Weines. Als Gott des Weines zieht er auf seinem von zwei Leoparden gezogenen Wagen um die Welt, um die Menschen mit dem Wein bekanntzumachen und das Anlegen der Weinberge zu lehren.
Durch Einstürze am Bühnengebäude wurde leider ein wichtiger Teil dieser schönen Reliefs zerstört. Bei den in 1985 begonnenen Ausgrabungen wurde durch weitere Fundstücke ersichtlich, dass das Bühnengebäude noch mit vielen, verschiedenen Friesen geschmückt war. Insbesondere hat ein 5 m langer Fries, dessen Platz am Gebäude noch nicht bekannt ist, ein höchst interessantes Thema. Die in der Mitte sitzende Göttin Tyche hält in ihrer linken Hand Cornucopiae, in ihrer rechten die Statue der als Idol dargestellten Artemis Pergaia. An beiden Seiten stehen symmetrisch angeordnet je ein alter Mann und je zwei junge Männer, die der Göttin die zu opfernden Stiere heranführen.
An der Strasse, die vom Theater weiter in die Stadt führt, liegt auf der rechten Seite das best erhaltene Stadion der antiken Welt. Der Nordrand dieses 34 x 334 m grossen rechteckigen, gewaltigen Bauwerkes ist hufeisenförmig abgerundet und geschlossen, der Südrand offen. Mit grosser Wahrscheinlichkeit befand sich hier einst ein monumentales Holztor, durch das man das Stadion betreten konnte. Das Stadion ruht auf einem Unterbau von insgesamt 70 sich gegenüberliegenden Gewölbekammern, wovon 30 die lange Seite und 10 die kurze Nordseite bilden. Diese Gewölbe sind nicht nur untereinander verbunden, sondern von jedem Dritten führt ein Ausgang in die Arena. Die übrigen Räume dienten als Läden, was aus den Inschriften über den Läden, in welchen die Besitzer und die von ihnen verkauften Waren genannt werden, hervorgeht. Die sich auf den Gewölbekammern des Unterbaues erhebenden Sitzreihen konnten rund 12.000 Zuschauer fassen. Als Mitte des 3. Jh.n.Chr. vor allem Gladiatorenkämpfe und Kämpfe mit wilden Tieren in Mode kamen, wurde zum Schutz der Zuschauer am Nordende des Stadions eine Brüstung errichtet und somit das Stadion in eine Arena verwandelt. Der Bau wird auf Grund seines architektonischen Charakters und der Steinhauerarbeit ins 2. Jh.n.Chr. datiert.
Ein bemerkenswerter Baurest ausserhalb der Stadtmauern ist das Grab der Plancia Magna. Tochter des Stadthalters Plancius Varus von Bithynien. Sie war eine reiche und wohltätige Frau,

die Anfang des 2. Jh.s.n.Chr. viel für die bauliche Gestaltung Perge's beitrug und die Stadt mit Monumenten und Statuen schmückte. Als Dank wurden Statuen von ihr errichtet. Sie erhielt auch den höchsten Beamtentitel "Demiurgos" der Stadtstaaten. Ausserdem war sie Priesterin auf Lebenszeit der Gottesmutter Artemis Pergaia und Oberpriesterin des Kaiserkultes.
Ein Grossteil von Perge ist mit Stadtmauern, die bis in die hellenistische Zeit zurückreichen, umgeben. Auf den Mauern sind 12-13 m hohe Türme errichtet. Zur Zeit des römischen Kaiserreiches jedoch haben die Mauern ihre Bedeutung, infolge des herbeigeführten, andauernden Friedens und der Ruhe (Pax Romana), eingebüsst und manche Gebäude wie Theater und Stadion konnten, ohne irgendeine Gefahr zu befürchten, ausserhalb der Mauern gebaut werden. Betritt man die Stadt durch das Tor einer späteren Epoche, das sich auf den Stadtmauern des 4.Jh.n.Chr. befindet, so kommt man in einen kleinen, rechteckigen, 40 m langen Innenhof, den die Spätepoche-Mauern umringen. Von diesem Innenhof aus gelangt man durch ein zweites Tor (Südtor) in Form eines Triumphbogens, dessen Rückseite sehr geschmückt ist, in einen trapezförmigen Hof, der 92x46 m gross ist. An der

Freske im Perge Theater

Statue des Marsyas M.S. II. yy.

Das nördliche monumentale Nymphaeum

Westwand dieses von Kaiser Septiptimius Severus (193-211 n.Chr.) angelegten und für Zeremonien benutzten Hofes befindet sich eine monumentale Brunnenanlage, das Nymphäum. Das Bauwerk bestand aus einem grossen Wasserbecken und rückwärts einer reichgeschmückten zweistöckigen Fassade. Aus deren Inschrift geht hervor, dass der Brunnen zu Ehren Artemis Pergaia, Septimius Severus, seiner Gattin und Söhnen errichtet und dediziert wurde. Die bei den Ausgrabungen am Nymphäum gefundenen Inschriften der Fassade, Verzierungen der Vorderseite und die Marmorstatuen des Septimius Severus und seiner Gattin Julia Domna befinden sich heute im Museum von Antalya. Durch das monumentale Propylon nördlich des Nymphäums gelangt man zu

Stadion von Perge aus der Luft

dem grössten und prachtvollsten Bad Pamphyliens. Man kommt zuerst in eine weitläufige Palaestra, die von Portiken umgeben ist und vom südlichen Portikus in einen Raum mit Apsis, in dem sich ein 13x20 m grosses Wasserbecken befindet. Nach sportlichen Übungen in der Palaestra konnten sich die Bürger von Perge im Wasserbecken erfrischen. Wie aus der Fassadenarchitektur, den farbigen Marmorverkleidungsplatten und zutage geförderten Funden hervorgeht, war dieses Bauwerk mit den Statuen von Genius, Herakles, Hygieria, Asklepios und Nemesis zweifellos von blendender Schönheit. Von hier aus gelangt man durch eine Tür wiederum in einen Raum mit Becken, dem Frigidarium.

Die Wasserrinne mit seichtem Wasser, die an der ganzen nördlichen Seite des Beckens entlangführte, diente zum Waschen der Füsse vor Betreten des Beckens. Aus den Funden geht hervor, dass das Frigidarium mit Statuen geschmückt war.

Dann kommt man in die miteinander verbundenen Räumlichkeiten: Tepidarium und Caldarium. Unter diesen Räumen befanden sich Pfeiler aus Ziegelsteinen, durch welche im Hypocaust-System für die Beheizung des Bades die Warmluft zirkulierte. Wollte man in römischen Bädern ein Bad nehmen, so hatte man mehrere Stadien zu durchlaufen: zuerst legte man in dem Apodyterium genannten Raum die Kleidung ab und betrat dann

Hellenistisches Tor von Perge

Römisches Tor

Frontansicht des hellenistischen Tores

die Palaestra. Hier machte man verschiedene Leibesübungen, nahm anschliessend ein Bad oder wusch sich im warmen Wasser des Caldariums. Von dort kam man wieder ins Tepidarium oder ins Frigidarium, um hier ein kaltes Bad zu nehmen. Zu römischer Zeit wurde das Bad nicht nur zum Baden benutzt, sondern man konnte hier einen grossen Teil des Tages verbringen, die Bäder waren sogar ein Treffpunkt für Diskussionen. Der lange rechteckige Saal nördlich des Frigidariums diente wahrscheinlich zur angenehmen Unterhaltung mit Bekannten. Vor der westlichen Wand dieses Saales befand sich eine lange Sitzbank aus Marmor. Aus Inschriften auf Statuenplinthen, die in grosser Anzahl bei Ausgrabungen gefunden wurden, geht hervor, dass diese von einem gewissen Claudius Peison dediziert wurden.

Am nördlichen Ende des Innenhofes befindet sich der prächtigste Bau Perge's, ein hellenistisches Tor. Der ins 3.Jh.v.Chr. datierte Bau stellt für seine Epoche eine sehr gut durchdachte Verteidigungsanlage dar. Er besteht aus 2 Türmen und einem dahinterliegenden hufeisenförmigen Innenhof. Die Türme bestanden aus drei Stockwerken und hatten ein konisches Dach. Der hufeisenförmige Innenhof diente in 120-122 n.Chr. nicht mehr für die Verteidigung, sondern wurde durch Spenden der Plancia Magna durch einige Veränderungen in Form von Verzierungen in einen

Allgemeine Ansicht des Stadions von Perge

Ehrenhof umgewandelt. Die hellenistischen Mauern wurden mit bunten Marmorplatten verkleidet. Nischen wurden hinzugefügt und die Fassade wurde mit Säulen der korinthischen Ordnung geschmückt. In den Nischen des unteren Stockwerkes standen Statuen von Götter und Göttinnen wie Aphrodite. Hermes, Pan und Dioskuren. Bei den Ausgrabungen im Innenhof hat man zwar 9 Statuensockel mit Inschriften gefunden, die dazugehörenden Statuen jedoch nicht. Aus den Inschriften an den Sockeln der Statuen, die wahrscheinlich in den Nischen des obersten

Ansicht der Agora

Säulen und Architravenblöcke der Agora

Stockwerkes standen, geht herwor, dass sie - wie bereits im Kapitel der Geschichte erklärt - die sagenhaften Helden darstellten, die nach dem Troja-Krieg Perge gegründet haben. Die in zwei Sockelinschriften genannten M.Plancius Varus und dessen Sohn C.Plancius Varus wurden als "ktistes", was Gründer heisst, bezeichnet, da sie auf Grund ihrer Hilfe und Wohltätigkeiten für Perge zum zweiten Gründer erhoben und dafür dieses Ehrentitels würdig befunden wurden.

Der hufeisenförmige Innenhof wird im Norden von dem monumentalen Tor mit drei Bogen, errichtet von Plancia Magna, begrenzt. Laut Inschriften auf den bei Ausgrabungen gefundenen Statuensockeln befanden sich in den Nischen des Tores von Nerva bis Hadrian die Statuen der Kaiser und deren Gemahlinnen.

Östlich des hellenistischen Tores befindet sich die

Grab mit Herakles Figuren (im Museum von Antalya)

Innenansicht des Hellenistischen Tores

65 x 65 m grosse quadratische Agora. Der Hof in der Mitte ist von einer weitläufigen Stoa umgeben, an deren Rückseite sich Läden befanden. Der Fussboden dieser Läden ist mit bunten Mosaiken verlegt. Vor einem Laden am nördlichen Portikus ist ein interessanter Spielstein zu sehen. Es ist ein Würfelspiel aus 6 Steinen, das sich wahrscheinlich grosser Beliebtheit in diesem Gebiet erfreute, da man ein ähnliches Spiel auch in Nachbarstädten fand. In der Mitte der Agora befindet sich wie in Side ein runder Bau, dessen Funktion noch nicht bekannt ist.
Die von der Mitte der Stadt in süd-nördlicher Richtung verlaufende Säulenstrasse stösst in der Nähe der Akropolis unter dem Demetrios-Apollonios Triumphbogen, der zur Zeit restauriert wird, auf eine aus ostwestlicher Richtung kommenden anderen Strasse. Die ca. 250 m lange Hauptstrasse ist an beiden Seiten mit breiten Portiken eingefasst, hinter denen Verkaufsläden lagen. Somit entsteht mit dieser Säulenarchitektur zu beiden Seiten der Strasse ein dem Perspektiveverständnis der Römer entsprechendes Bild. Die Portiken schützten die Einwohner Perge's im Winter vor den starken Regenfällen und im Sommer gleichzetig vor der brennenden Sonne. Bedingt durch das Klima findet man oft Strassen dieser Art in Städten im Süden und Westen Anatoliens. Das interessanteste an dieser Säulenstrasse von Perge ist der die Strasse in der Mitte teilende Waserkanal in Form eines Beckens. Der Kanal beginnt bei der monumentalen Brunnenanlage, Nymphäum im Norden und dieses dem Flussgott Kestros zu verdankende, langsam rieselnde, kristallklare kühle Wasser spendete in der gnadenlosen Sommerhitze von Pamphylien den Einwohnern Perges wenigstens etwas Kühle. Ungefähr auf der Mitte der Strasse ziehen vier mit Reliefs geschmückten Säulen, die dem östlichen Portikus gehören, sofort die Aufmerksamkeit auf sich. Auf der ersten Säule ist Apollon in einem von vier Pferden gezogenem Wagen, auf der zweiten die Jägerin Artemis, auf der dritten einer der sagenhaften Gründer der Stadt, Kalchas (?) und der

vierten Säule die Schicksalsgöttin Tyche, abgebildet.
Die Hauptstrasse endet an der am Fusse der Akropolis im 2.Jh.n.Chr. erbauten monumentalen Brunnenanlage, dem Nymphäum. Hält man sich die bei den Ausgrabungen gefundenen Statuen und die reiche zweistöckige Fassadenarchitektur vor Augen, so kann man die Brunnenanlage wohl als eines der eindruckvollsten Bauwerke Perges bezeichnen. Das Quellwasser fliesst unter der sich genau in der Mitte des Monumentes befindlichen Statue des Flussgottes Kestros durch in das Brunnenbecken, von hier aus in Kanälen zur Stadt.
Wendet man sich am Treffpunkt der Strassen beim Apollonios-Triumphbogen nach links, so kommt man zur Palaestra, nach dem hellenistischen Tor der älteste Bau von Perge. Hier wurde die Jugend von Perge unter der Aufsicht ihrer Lehrer für Ringkämpfe und in Leibeserziehung trainiert. Der viereckige Platz mit Räumen umgeben wurde laut Inschrift von C. Julius Cornutus zu Ehren des Kaisers Claudius (41-54n.Chr.) errichtet.
Die tadellose Planung von Perge kann selbst die modernen Städteplaner in Neid versetzen und um sich die Pracht Perge's, die von ihren Künstlern in eine Marmorstadt verwandelt wurde, besser vorstellen zu können, muss man die im Museum von Antalya ausgestellten Bildhauerwerke besichtigen.
In Perge werden seit 1946 von türkischen Archäologen Ausgrabungen durchgeführt.
Zu den berühmten Söhnen der Stadt kann man den Arzt Asklepiades, den Sophist Varus und den Mathematiker Apollonios zählen.

Säulenkapitell mit Artemis

Mosaiken von Perge

Säulenkapitell

Säulenkapitell

Ansicht der Agora

SILLYON

Diese pamphylische Stadt, zwischen Perge und Aspendos gelegen, wurde auf einem vollkommen ebenen Plateau eines Hügels mit steil abfallenden Hängen gegründet. Schon von weitem kann man daher den Hügel durch seine interessante geographische Beschaffenheit ohne Schwierigkeiten erkennen. Strabon berichtet, dass Sillyon 40 Stadion (7.2 km) landeinwärts vom Meer liegt und von Perge aus gesehen werden kann.
Es wird angenommen, dass Sillyon, wie die anderen pamphylischen Städte, nach dem trojanischen Krieg von den sagenhaften Helden Mopsos und Kalchas gegründet wurde. Ein in Sillyon gefundener Statuensockel trägt den Namen Mopsos.
Ab dem 3.Jh.v.Chr. beginnt Sillyon eigene Münzen zu prägen. Auf den Münzen wird der Name Sillyon als Selyviys geschrieben. Dieser Name muss sich dann in römischer Zeit geändert haben.
Der Name Sillyon taucht in der Geschichte, ausser in Berichten von Arrianos über die Feldzüge Alexander d. Grossen, nicht oft auf. Aus diesen Berichten geht hervor, dass Sillyon im Gegensatz zu Perge gegen Alexander d. Grossen feindliche Haltung gezeigt hat und sich auf ihre befestigte Stellung, ihre einheimischen Soldaten und Söldnern verlassend, ihre Stadt verteidigt hat. Sillyon war schon zu persischer Zeit ein militärischer Stützpunkt. Die Gebäude - und Festungsreste aus hellenistischer, römischer, byzantinischer und seldschukischer Zeit zeigen, dass die Stadt lange Zeit ihren diesbezüglichen Charakter bewahrt hat.
Steigt man von Yeniköy auf einem schmalen Ziegenpfad hinauf zum Plateau, so trifft man als erstes auf das untere Stadttor. Das mit einem hufeisenförmigen Innenhof und zwei rechteckigen Türmen versehene Tor zeigt hinsichtlich Plan und Steinhauerarbeit Ähnlichkeit mit dem hellenistischen Tor von Perge. Aus diesem Grund kann man es ins 3.Jh.v.Chr. datieren.
Da Sillyon auf einem Plateau mit ringsum steilabfallenden Hängen liegt, hat man vom Bau einer die Stadt ganz umfassenden Stadtmauer abgesehen. Nur an den westlichen und südwestlichen Stellen, wo das Gefälle schwach war, wurden Mauern, Türme und Rampen in sorgfältiger Steinhauerarbeit und genauer Technik angelegt.
Die ältesten Baureste der Stadt befinden sich nordöstlich des Haupttores. Hier sieht man einen gut erhalten, zweistöckigen Bau aus byzantinischer Zeit mit hohen Mauern, dessen Funktion aber noch nicht bekannt ist. Die daneben stehende Palaestra aus hellenistischer Zeit mit den Massen 7 x 55 m gehört zu den wichtigsten Bauten von Sillyon. Auf der Westseite hat das Gebäude 10 Fenster verschiedener Grössen. Etwas weiter weg von diesem Gebäude zieht ein kleiner

Allgemeine Ansicht von Sillyon

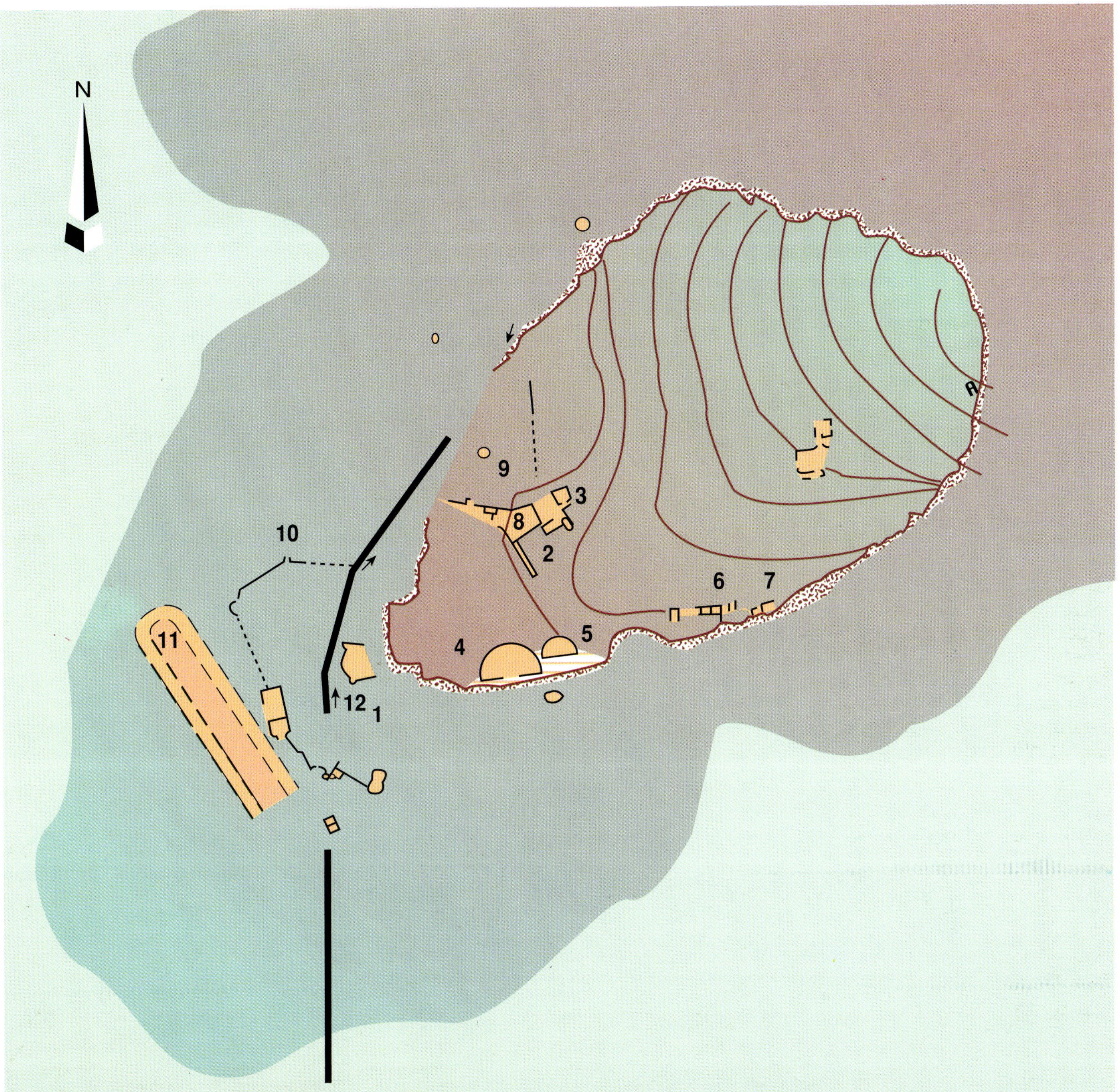

PLAN VON SILLYON

1 HELLENISTISCHES TOR
2 PALAESTRA
3 HELLENISTISCHER BAU
4 THEATER
5 ODEON
6 HELLENISTISCHE HÄUSER
7 TEMPEL
8 SELDSCHUKISCHE INNENBURG
9 SELDSCHUKISCHES MAUSOLEUM
10 TURM MIT BOGEN
11 STADION
12 GYMNASIUM

Historischer Brunnen in Sillyon

Überreste des Theaters von Sillyon

hellenistischer Bau mit seiner schönen Tür und der sorgfältig ausgeführten Steinarbeit die Aufmerksamkeit auf sich. Die eigentliche Berühmtheit dieses Bauwerkes rührt von der Inschrift auf seiner Tür im pamphylischen Dialekt her. Diese aus siebenunddreissig Zeilen bestehende Inschrift ist die bis heute bekannte längste und wichtigste Urkunde der pamphylischen Sprache. Leider wurde ein Teil dieser Inschirft später durch Öffnen eines Loches an der Tür an dieser Stelle vernichtet. Dieser pamphylische Dialekt, der eigentlich einen griechischen Charakter hatte, wurde in grossen Teilen Pamphyliens bis ins I.Jh.n.Chr. verwendet und geriet nach dieser Zeit langsam in Vergessenheit und wurde durch griechisch ersetzt.

Am Südende des Plateaus bietet sich einem ein trauriger Anblick. In seinen Reisenotizen über Pamphylien aus dem Jahre 1884 berichtet der österreichische Forscher Lanckoronski über ein sich hier in sehr gutem Zustand befindendes Theater von Sillyon mit dem danebenliegenden Odeon, die aber in 1969 durch einen Erdrutsch in die Tiefe gerissen wurden; zurückblieben nur 11 Sitzreihen der Cavea.

Am Südhang des Plateaus, gleich nach dem Theater kommt man über in die Felsen gehauenen Treppen mit Geländer zu hellenistischen Häusern. Die quadratischen und rechteckigen Häuser sind in der sorgfältigen Steinarbeit der hellenistischen Zeit erbaut. Geht man weiter in Richtung Osten sieht man einen kleinen hellenistischen Tempel. Die Cellawände und der Stylobates des sich auf einem 7.30 x 11.00 m grossen Podium erhöhenden Baues stehen noch. Nach den noch vorhandenen Architekturteilen zu schliessen, war er ein Prostyl-Bau in dorischer Ordnung.

Ab Beginn des 13.Jh. haben sich Seldschuken, wie auch in anderen Städten, in Sillyon in kleinen Gruppen angesiedelt und auf der Akropolis in der ihnen eigenen Bauart eine kleine Burg mit nicht allzu starken Mauern und Schiess-Scharten erbaut. Der interessanteste Bau seldschukischer Zeit, der sich bis in unsere Zeit erhalten hat, ist eine kleine quadratische Moschee mit Kuppel nordwestlich der Akropolis.

Am Ostende des Hügels sind ausser einigen byzantinischen und seldschukischen Bauten keine wichtigen Baureste anzutreffen. Bei Rückkehr ins Dorf durch das obere Eingangstor geht man durch die Nekropole, die im allgemeinen einfache Gräber aufweist und trifft hier einen gut erhaltenen Turm. Der quadratische zweistöckige Turm hat im Erdgeschoss eine Tür mit Bogen. Die Türen des Obergeschosses führen auf die zur Verteidigung dienenden Rampe. Südwestlich des Turmes erhebt sich auf einer Terasse das Stadion. Das Stadion befindet sich in sehr schlechtem Zustand und es sind nur noch auf Gewölbe ruhende Sitzreihen an der langen Seite im Westen zu sehen.

Die Stadt scheint nicht über genügende Wasserversorgung aus der Umgebung verfügt zu haben, da an verschiedenen Stellen seit hellenistischer Zeit offene oder überdachte Zisternen angelegt worden sind.

ASPENDOS

Aspendos ist eine in der Ebene von Pamphylien, am Ufer des Flusses Eurymeda (Köprüçay) gegründete und durch das aus der Antike bis in unsere Zeit hinreichende prachtvolle Theater in der ganzen Welt bekannte Stadt.
Laut griechischen Sagen wurde sie von, nach Ende des trojanischen Krieges nach Pamphylien gewanderten Kolonisten aus Argos, unter der Führung des Helden Mopsos, gegründet. Aspendos ist eine der ersten Städte des Gebietes, welche in eigenem Namen Münzen prägte. Auf diesen ins 5. und 4.Jh.v.Chr. datierten Silberstatern scheint der Name der Stadt in einheimischen Lettern als "Estwediiye" auf. In einer in 1947 bei Ausgrabungen am Karatepe bei Adana gefundenen und ins 8.Jh.v.Chr. datierten, zweisprachigen Inschrift in hethitischer Hieroglyphe und phönizischer Schrift wird erzählt, dass König Asitawada von Danunum (Adana) eine Stadt gegründet, sie nach seinem Namen Azitawaddi genannt hat und er selbt von der Muksas (Mopsos) Dynastie abstammen würde. Hält man sich diese überraschende Namensgleichheit vor Augen, so kann man von ihr ausgehend bezüglich der Gründung von Aspendos einige Schlüsse ziehen.
Aspendos hat im Altertum keine wichtige politische Rolle gespielt, sondern die politische Geschichte blieb im Rahmen der Geschichte des Gebietes. Im Verlauf der Geschichte stand sie nach der Kolonisierung eine Zeit lang unter lydischer Oberherrschaft und in 547 v.Chr. geriet sie unter die Herrschaft des persischen Reiches. Die Tatsache, dass die Stadt auch weiterhin ihre eigenen Münzen prägen konnte, ist ein Zeichen dafür, dass sie auch unter persischer Oberhoheit weitgehende Freiheiten besass.
In 467 v.Chr. vernichtet der Staatsmann und Feldherr Kimon aus Athen mit seiner Flotte aus 200 Schiffen in einem überraschenden Überfall auf die in der Mündung des Eurymedon Flusses geankerte persische Flotte vollständig. Zur Ver-

Aussenansicht des Theaters von Aspendos

PLAN
VON
ASPENDOS
1
2
3
4
5
6
7
7
8
9
10
11
N
1 THEATER
2 BASILIKA
3 AGORA
4 MARKTLÄDEN
5 NYMPHAEUM
6 ODEON - BOULEUTERION
7 AQUÄDUKT
8 STADION
9 STADTTORE
10 RÖMISCHES BAD
11 GYMNASIUM

Ansicht des Aspendos Threaters aus der Luft

nichtung der persischen Landstreitkrafte greift er zu einer List: das Dunkel der Nacht ausnutzend, steckt er seine besten Soldaten in die Bekleidung der gefangenen Perser und setzt sie ans Land. Die Perser glauben, ihre befreiten Freunde vor sich zu haben und veranstalten ein Freundensfest; Kimon nutzt diese Gelegenheit aus, setzt seine Truppen ans Land und vernichtet den Feind. Nach dieser Schlacht wird Aspendos eine Zeit lang Mitglied des attisch-delischen Seebundes.

In 411 v.Chr. fällt die Stadt erneut in persische Hände und wird als Militärstützpunkt benutzt. In 389 v.Chr. ankert Feldherr Thrasboulos von Athen mit seiner Flotte vor Aspendos, um das nach der Niederlage Athens im peleponnesischen Krieg verlorene Ansehen der Stadt wiederherzustellen. Die Einwohner von Aspendos schrecken vor einem neuerlichen Krieg zurück, sammeln Spenden und übergeben sie dem feindlichen Feldherrn mit der Bitte, die Stadt zu verschonen. Dieser nimmt das Geld an, lässt aber von seinen Soldaten alle bestellten Felder verwüsten und wird daraufhin von den empörten Einwohnern von Aspendos in seinem Zelt erstochen.

Nach der Einnahme von Perge im Jahre 334

v.Chr. wendet sich Alexander der Grosse gegen Aspendos. Die Stadt sendet ihm eine Delegation mit der Bitte, keine Garnison in der Stadt zurückzulassen. Alexander akzeptiert dies unter der Bedingung, dass ihm die Stadt die gleichen Steuern und Anzahl an Pferden abführt, wie vorher an den persischen König. Nach Abschluss dieses Abkommens zieht Alexander weiter nach Side, welche sich ergibt. Er lässt in Side eine Garnison. Auf seiner Rückkehr erfährt er in Sillyon, dass Aspendos das Abkommen nicht einhält und Vorbereitungen zur Verteidigung der Stadt trifft. Er wendet sich sofort nach Aspendos. Das Volk, welches sich auf die Akropolis zurückgezogen hat, schickt erneut Gesandte zu Alexander, als es das auf die Stadt zurückende Heer sieht und bittet erneut um Frieden. Aspendos muss aber diesmal ein neues Abkommen mit sehr harten Bedingungen abschliessen. Gemäss Abkommen wird in die Stadt eine mazedonische Garnison eingesetzt und die Stadt muss jährlich 100 Talent Gold und 4000 Pferde als Steuer bezahlen. Nach dem Tode Alexander d. Grossen steht die Stadt während der Kriege der Diadochas (Nachfolger Alexander d. Grossen) mal unter der Herrschaft von Ptolemaios, mal unter Seleukos, später gehört sie bis 133 v.Chr. zum Königreich Pergamon.

Aus den scharfen, anklagenden Reden Cicero's im römischen Senat erfährt man, dass Gaius Verres, Quästor des Landes Kilikien in 79 v.Chr., wie Perge, auch Aspendos geplündert hat. G. Verres lässt vor den Augen der Bevölkerung von Aspendos die Statuen auf den Plätzen und aus den Tempeln auf Wagen laden, ja sogar die berühmte Statue des Harfenspielers zusammen mit den anderen geraubten Gütern in sein Haus schaffen.

Genau wie die anderen pamphylischen Städte erlebt auch Aspendos ihre glanzvollste Zeit im 2. und 3. Jh.n.Chr. Ein Grossteil der heute noch vorhandenen monumentalen Bauten sind ein

Bühnengebäude des Aspendos Theaters

Innenansicht des Theaters

Beweis für diese goldene Zeit. Aspendos ist zwar keine Küstenstadt, aber die Tatsache, dass sie am Fluss Eurymedon gegründet wurde, der zum Schiffsverkehr geeignet ist und das reiche und fruchtbare Hinterland mit weiten Ebenen, reiche Bergwälder förderten aufs vorteilhafteste die wirtschaftliche Entwicklung der Stadt. Die Webereien der Stadt stellten mit Gold - und Silberfäden gewebte Kelims her, aus dem Holz des Zitronenbaumes wurden Statuetten geschnitzt und kostbare Möbel hergestellt, aus dem nahen Caprisee wurde Salz gewonnen, Wein und letztlich die berühmten Pferde waren die Hauptausfuhrgüter. Aspendos war berühmt für ihren Weinanbau und Wein, es wird aber gesagt, dass bei Zeremonien den Göttern kein Wein gespendet wurde. Sie selbst erklärten den Grund dafür wie folgt: “Falls der Wein nur für die Götter bestimmt gewesen wäre, so würden die Vögel nicht den Mut finden, die Trauben zu picken.”

Die Geschichte kennt einige berühmte Bürger von Aspendos, Andromachos, der im 3.Jh.n.Chr. gelebt hat, war zu seiner Zeit ein berühmter Feldherr und ausserdem Stadthalter von Syrien und Phönizien. Über die Lehren des Philosophen Diodoros ist zwar nicht viel bekannt, aber dass er mit langen Haaren, schmutzigen Kleidern und nackten Füssen herumlief, zeigt, dass er von den

Die Bögen des Theaters

Rekonstruktion des Bühnengebäudes

Aspendos Münzen, 3.-4.Jh.n.Chr.

Imitation der Theatermasken

Basilika

Basilika und Ansicht der Stadt aus der Luft

Lehren des Pythagoras beeinflusst war.
Ab Beginn des 13.Jh. trägt Aspendos die Spuren der seldschukischen Ansiedlung. Insbesondere wurde zur Zeit von Alaeddin Keykubat I. das antike Theater renoviert, mit den herrlichen seldschukischen Fayencen ausgechmückt und zu einem Palast umgebaut.
Am Ende der Strasse, die von der Hauptstrasse Antalya-Alanya abzweigt, kommt man zu dem Bau, der alle Merkmale der pompösen römischen Theaterarchitektur trägt und gleichzeitig auch alle funktionellen Anforderungen erfüllt. Das Gebäude ist getreu der griechischen Tradition am Berghang gebaut. Die heutigen Besucher betreten das Theater durch eine zu späterer Zeit gebaute Tür in der Fassade des Bühnengebäudes. Die eigentlichen Eingänge des Theaters waren die sich zu beiden Seiten des Bühnengebäudes befindlichen Gewölbegänge. Die Cavea des Theaters hat einen halbkreisförmigen Grundriss und wird durch eine breite Diazoma in zwei Teile geteilt. Die obere Hälfte verfügt über 21, die untere über 20 Sitzreihen. Um den Besuchern ein leichtes Betreten und Verlassen des Theaters sowie Zirkulieren im Theater zu ermöglichen, sind unten vom Orchestra-Teil an

Die antike Aspendos Brücke

Die Aquädukte von Aspendos

Ansicht des Aspendos Theatres von oben

noch einmal 10, oben von der Diazoma an 21 strahlenförmig angelegte Treppen vorhanden. Der obere Rand der Cavea wird von einer zu späterer Zeit hinzugefügten breiten Galerie mit 59 Bogen umlaufen. Die Gewölbegalerie der Diazoma ist der die obere Cavea tragende Unterbau, eine architektonische Lösung. Die Privatlogen über den Eingängen zu beiden Seiten der Cavea waren laut römischem Protokoll für die kaiserliche Familie und die Priesterinnen der Vesta reserviert. Die erste Sitzreihe vom Orchestra-Teil nach oben war für Senatoren, Richtern und ausländischen Gesandten, die zweite den vornehmen Familien der Stadt vorbehalten Die Frauen hatten im allgemeinen ihre Plätze auf den oberen Reihen unterhalb der Galerie. Die restlichen Sitzreihen standen allen Einwohnern der Stadt zur Verfügung. An einigen Sitzreihen im oberen Teil der Cavea sind Namen eingeritzt, die damit wohl den jeweiligen Namensträgern reserviert wurden. Man kann die Zuschauerzahl des Theaters nicht genau feststellen. Es kann jedoch gesagt werden, dass es ca. 10-12000 Zuschauer fassen konnte. Bei den in den letzten Jahren in Antalya abgehaltenen Festspielen für Film und Kunst sowie Konzerten konnte man, wenn auch dichtgedrängt, 20000 Zuschauer feststellen.

Der prächtigste Teil des Theaters von Aspendos ist ohne Zweifel das Bühnengebäude. Die aus Konglamerat erbaute zweistöckige Bühnenfassade hat im Untergeschoss 5 zur Bühne führende Türen, die für die Schauspieler bestimmt waren. Der Haupteingang in der Mitte hiess Porta Regia, die kleinen Nebeneingänge wurden Porta Hospitales genannt. Die kleinen Türen im Niveau des Orchestra-Teiles führten zu den Zwingern der wilden Tiere. Wie aus den bis in unsere Zeit gelangten Stücke zur urteilen ist, standen in Nischen und "Aediculen" der Fassade Bildhauerwerke von senkrechten Linien der Säulen sowie dreieckigen und runden Giebelakroteren umrahmt. Genau in der Mitte der mit Säulen geschmückten Fassade des Obergeschosses war in einem dreieckigen Giebelfeld ein Relief des Gründers und Beschützers der Theater, der Gott des Weines Dionysos zu sehen. Die an einigen Stellen des Bühnengebäudes zu sehenden roten Zickzackmotive auf weissem Putz stammen aus seldschukischer Zeit.

Das Bühnengebäude hatte ein sehr schön verziertes Holzdach. Das Theater von Aspendos ist für seine grossartige Akustik berühmt. Ein ganz leise in der Mitte des Orchestra-Teiles gesprochenes Wort ist sogar in den obersten Rängen verständlich zu hören. Es ist selbstverständlich, dass der edle Mensch Anatoliens, Erbe einer reichen Kultur, über die in seiner Umgebung befindlichen Städte und Monumente unbedingt Legenden schuff. Eine dieser schönen Legenden, die von Generation zu Generation weitererzählt wird, betrifft das Theater von Aspendos. Der König von Aspendos veranstaltet einen Wettbewerb: Derjenige, der der Stadt den besten Dienst leisten wird, soll die Tochter des Königs zur Gemahlin erhalten. Nun beginnt eine rege Tätigkeit bei allen Künstlern der Stadt. Am Tage des Wettbewerbes besichtigt der König jedes einzelne Werk genau und zum Schluss bleiben zwei Künstler als Bräutigammsanwärter. Dem ersten Bewerber ist es gelungen, über Aquädukte aus kilometerweiter Entfernung Wasser in die Stadt zu leiten: der zweite Bewerber hat das Theater gebaut. Gerade als der König dem ersten Bewerber die Hand seiner Tochter geben will, wird er gebeten, sich noch einmal das Theater anzusehen. Als er auf der oberen Galerie

Ansicht des Aspendos Theaters aus der Luft

steht, tönt eine kräftige Stimme, deren Quelle nicht feststellbar ist und die immer wieder folgenden Satz spricht: "Die Tochter des Königs sollte man mir zur Frau geben." Der König sucht voller Erstaunen nach dem Besitzer der Stimme, kann ihn aber nicht finden. Der Besitzer der Stimme war jedoch der Erbauer des Theaters, der voller Stolz über die phantastische Akustik seines Werkes, auf der Bühne mit leiser Stimme diese Worte gesprochen hatte. Somit wurde die schöne Königstochter mit dem Architekten verheiratet und die Hochzeitsfeier fand im Theater statt.

Aus einer Inschrift am südlichen Parados geht hervor, dass das Theater zur Zeit des Kaisers Marc Aurel (161-180 n.Chr.) vom Architekten Zeno, Sohn des Theodoros von Aspendos, erbaut worden war. In der Inschrift steht ferner, dass die Einwohner von Aspendos, um ihre Bewunderung zu zeigen, dem Architekten Zeno einen grossen Garten neben dem Stadion schenkten. In den Inschriften über den Eingängen zu beiden Seiten des Bühnengebäudes heisst es in griechisch und lateinisch, dass das Theater von zwei Brüdern Curtius Crispinus und Curtius Auspicatus erbaut und den Göttern und der kaiserlichen Familie gewidmet wurde.

Es stand jedem frei, im Theater eine Vorstellung zu geben. die nötigen Mittel dazu wurden zum Teil von den Behörden gestellt. Allerdings wurde auch ein Teil der Einnahmen nach den Vorstellungen an die Behörden wieder abgeführt. Für Vorstellungen und Wettkämpfe wurde im allgemeinen Eintritt bezahlt. Diese "Eintrittskarten" waren aus Metall, Elfenbein, Horn und grösstenteils aus Ton angefertigt. Auf einer Seite war eine Marke abgebildet, auf der anderen Seite befand sich die Nummer des Sitzplatzes.

Andere wichtige Baureste aus der Antike befinden sich auf der Akropolis hinter dem Theater. Geht man auf einem Fusspfad neben dem Theater zur Akropolis, so fällt als erstes die 27x105 m. grosse Basilika auf. Die Basilikas sind neue Bautypen, die zuerst von den Römern ausgeführt wurden. Die römische Basilika konnte für viele Zwecke benutzt werden, wurde aber immer zu Gunsten der Öffentlichkeit verwendet. In der Basilika befanden sich Ladengeschäfte, Gerichts-

Aquädukte der Stadt Aspendos

Aquädukte der Stadt

sitzungen wurden in ihr abgehalten. Der Plan der Basilika besteht aus einem Mittelbau mit Seitenschiffen. Der Mittelbau ist mit Säulen von den Seitenschiffen abgetrennt, das Dach des Mittelbaues ist höher als die Dächer der Seitenschiffe. In der Basilika befand sich der Sitz des Richters (Tribunal.) In byzantinischer Zeit erfuhr die Basilika soviel Veränderungen, dass der Originalcharakter verlorenging.
Der rechteckige, auf drei Seiten mit Gebäuden umsäumte Platz westlich der Basilika war die Agora, der politische, soziale und wirtschaftliche Mittelpunkt der Stadt. Etwas weiter westlich sieht man hinter einer Stoa 12 gleichgrosse Läden nebeneinander gereiht.
Nördlich der Agora befindet sich das Nymphäum, von dem nur die Frontmauer erhalten blieb. Die 32,5 m. lange und 15 m. hohe zweistöckige Fassade hat je 5 Nischen pro Stockwerk. Es kann angenommen werden, dass die mittlere Nische des Erdgeschosses, grösser als die anderen, als Tür benutzt wurde. Die Marmorsockel in jeder Nische lassen darauf schliessen, dass der Bau eine mit Marmor verkleidete und Säulen geschmückte Fassade besass.
Der Bau hinter dem Nymphäum, mit einem andersartigen Grundrissplan, kann ein Odeon oder ein Konferenzgebäude für die Konsulmitglieder (Bouleuterion) gewesen sein.
Ein anderer Baurest in Aspendos, den man unbedingt besichtigen müsste, ist der Aquädukt. Dieses ca. 1 km lange Meisterwerk der Ingenieurkunst leitet das Wasser aus den Bergen nördlich der Stadt und ist auch systemmässig ein rares Exemplar der Antike. Das Wasser wird von der Quelle auf den 15 m hohen Bögen in Steinröhren zu Verteilerwaagen in Form von Türmen an beiden Enden geleitet, wo es den nötigen Druck erhielt und dann in die Stadt verteilt.
Aus einer Inschrift in Aspendos geht hervor, dass der Aquädukt von Tiberius Claudius Italicus erbaut und der Stadt geschenkt wurde. Aus der Architektur und Bautechnik zu schliessen, kann er in die Mitte des 2. Jh.n.Chr. datiert werden.

Baureste in Perge

Baureste in Perge

Allgemeine Ansicht

1 STADTMAUERN
2 STADTTORE
3 NYMPAEUM
4 SAULENSTRASSE
5 AGORA
6 LATRIUM
7 STAATSAGORA
8 BIBLIOTHEK
9 BYZANTINISCHES BAD (MUSEUM)
10 VESPASIAN DENKMAL
11 THEATER
12 TEMPEL DER ATHENA
13 TEMPEL DES APOLLON
14 MEN TEMPEL
15 TEMPEL DES DIONYSOS
16 RÖMISCHES BAD
17 HAFENTHERME

PLAN VON SIDE

Ansicht der antiken Stadt Side aus der Luft

SIDE

Side, die grösste Hafenstadt des antiken Pamphyliens, liegt auf einer kleinen Halbinsel, die sich in nord-südlicher Richtung ins Meer erstreckt.
Strabon und Arrianos berichten, dass Side eine Kolonie von Kyme, eine der Städte des Aeolia Gebietes im westlichen Anatolien war. Es ist sehr wahrscheinlich, dass diese Kolonisation im 7.Jh.v.Chr. stattfand. Laut Arrianos trafen die Kolonisten aus Kyme bei ihrer Ankuft in Side eine einheimische Bevölkerung an, die eine vollkommen verschiedene nicht verständliche Sprache besass. Nach kurzer Zeit aber sollten sie durch Einfluss der einheimischen Bevölkerung ihre eigene griechische Muttersprache vergessen und die Side Sprache verwenden. Bei den Ausgrabungen wurden Inschriften in der Sprache Side's gefunden. Diese ins 3.-2.Jh.v.Chr. zu datierenden Inschriften, die noch nicht ganz entziffert werden konnten, beweisen, dass selbst ein paar hundert Jahre nach der Kolonisation, die Ursprache Side's in Gebrauch war. Ein anderer Beweis für die frühe Geschichte der Stadt kann der bei Ausgrabungen gefundene Sockel einer hethitischen Säule aus Basalt sein. Das Wort Side bedeutet Granatapfel und ist anatolischen Ursprungs und kein griechisches Wort.
Aus der Zeit der lydischen und persischen Oberherrscheft ist über Side fast nichts bekannt. Die Tatsache, dass die Stadt im 5.Jh.v.Chr. eigene Münzen prägen konnte, zeigt dass sie trotz persischer Herrschaft eine grosse Unabhängigkeit wahren konnte.

Side besass fast uneinnehmbare Land- und Seemauern, trotzdem aber ergab sie sich in 334 v.Chr. ohne Verteidigung Alexander d.Grossen.
Die Stadt, die nach dem Tode Alexander d. Grossen für eine lange Zeit abwechselnd unter die Herrschaft der Ptolemäer und der Seleukiden geriet, wurde 190 v.Chr. Schauplatz einer grossen Seeschlacht. An dieser Schlacht, die zwischen der Flotte von Rhodos, unterstützt von Rom und Pergamon, und der königlichen Flotte von Syrien unter der Führung des Feldherrn Hannibal von Karthago ausgefochten wurde, gehörte Side zu den Verbündeten Hannibals. Rhodos ging als Sieger aus der Schlacht hervor.
Side konnte ihre Unabhängigkeit, bis sie in 2.Jh.v.Chr. unter die Oberherrschaft von Pergamon fiel, wahren und erreichte den Höhepunkt des Reichtums und war Zentrum für Wissenschaft, Handel und Kunst. Die Tatsache, dass Antiochos VII., der in 138 v.Chr. den syrischen Thron bestieg, als Jüngling zum Studium und zur Ausbildung nach Side geschickt wurde, ist ein Beweis dafür, dass Side ein berühmtes Zentrum der Kultur und Erziehung des östlichen Mittelmeeres war.
Die im 1.Jh.v.Chr. beginnende Plage der kilikischen Seeräuber hatte auch für Side ihre Folgen: Side fiel in die Hände der Seeräuber und diente ihnen nun als Flottenstützpunkt und war gleichzeitig ein Sklavenmarkt. Die Einwohner von Side waren über ihre neue Lage nicht allzu unglücklich, da der Sklavenhandel ihnen viel Gewinn abwarf, sie gerieten jedoch dadurch in ihrer ganzen Umgebung in einen äusserst schlechten Ruf. Der für seine Schlagfertigkeit berühmte Stratonicus antwortete auf

Vespasian Brunnen

Aussenansicht des Theaters

Ansicht von Side aus der Luft

Allgemeine Ansicht des Kleopatra Strandes

die Frage, wer die schlechtesten und hinterhältigsten Leute seien, folgendes: "In Pampylien die Leute von Phaselis, aber auf der ganzen Welt die Leute von Side". Der römische Feldherr Pompeius besiegte in 67 v.Chr. die Seeräuber und bereitete somit deren Herrschaft ein Ende. Die Einwohner von Side errichteten zu Ehren des römischen Feldherrn Statuen und Monumente, um somit ihren schlechten Ruf in Vergessenheit geraten zu lassen. Die zweite Glanzzeit erlebte Side zur Römerzeit, insbesondere im 2. und 3.Jh., wurde zur Metropolis und zum Sitz des römischen Provinzstadthalters und Verwaltungsbeamten. Side unterhielt Handelsbeziehungen mit Staaten des westlichen und östlichen Mittelmeeres, vor allem mit Ägypten. Die importierten Waren wurden nach Mittelanatolien weitergeleitet. Side hatte nicht nur an den Hauptsstrassen, sondern auch an den engsten Gassen Verkaufsläden, die ihre Bedeutung als Handelsstadt zeigen. Side war auch ein grosser Sklavenmarkt. Urkunden ägyptischer Kaiser verzeichnen, dass die Sklaven insbesondere aus Afrika kamen. Side besass auch eine starke Handelsflotte, die wenn sich Gelegenheit bot, auch Seeräuberei betrieb. Viele Händler verdanken ihren Reichtum gerade diesem Seehandel. Es wurde nicht nur Geld verdient, sondern es wurden auch Wettkämpfe und Spiele veranstaltet, die Stadt mit Bauten geschmückt, für soziale und religiöse Institutionen viel Geld gespendet. Aus einer Inschrift an einem Spätzeit-Tor in Side geht hervor, dass zwei Personen, deren Namen nicht genau entziffert werden können, für öffentliche Beamten und Mitglieder des Ältestensenates ein "Deipnisterion", d.h. eine Volksküche gestiftet haben. Eine Frau mit Namen Modeste hat Gladiatorenkämpfe veranstaltet, ein anderer Einwohner von Side mit dem Namen Tuesianos hat zur Gelegenheit der Rückkehr von Seeleuten in den Hafen von Side ein Fest veranstaltet; ein Ehepaar liess auf eigene Kosten die Wasserwege von Side instandsetzen. Die noch heute grösstenteils erhaltenen Monumente und Bauten sind ein Beweis dieser glanzvollen Epoche. Das 5. und 6.

Der Apollon Tempel in Side bei Sonnenuntergang

Jh.n.Chr. war die letzte glanzvolle Zeit Side's. Als Bischofssitz für Ostpamphylien entstanden neue Bauten und die Stadt vergrösserte sich dermassen, dass sie sogar über die Stadtmauern hinauswuchs.
Ab Mitte des 7.Jh.s n.Chr. begannen die Araber mit ihrer Flotte die Küsten Südanatoliens zu überfallen, was Side in Mitleidenschafft zog. Die freigelegten Brand-und Ascheschichten beweisen, dass die Stadt von den Arabern vollkommen verbrannt worden ist. Der arabische Geopgraph Idrisi, der im 12.Jh. gelebt hat, schildert, dass die Überlebenden der einst grossen und bevölkerten Stadt, nach deren Zerstörung, in das zwei Tagereisen entfernte Antalya auswanderten, was Side den Namen "Alt-Antalya" einbrachte.
Side war auf allen Seiten gegen die Gefahren von Land und Meer mit starken Mauern umgeben. Die Seemauern haben im Laufe der Jahrhunderte oftmals Ausbesserungen und Umbauen erfahren, sodass ihr einstiger Zustand nicht mehr feststellbar ist, auch sind sie teilweise eingestürzt. Die aus Konglamerat in sorgfältiger Mauerarbeit errichteten Landmauern samt Türmen sind gut erhalten. Man betritt die Stadt durch zwei Tore in der Ostmauer. Das in hellenistischer Zeit errichtete Haupttor hat zu beiden Seiten einen Turm, hinter dem Tor ersteckt sich ein hufeisenförmiger Innenhof. Nach dem Innenhof und Durchschreiten eines quadratischen Raumes betritt man die Stadt. Das Tor und der Innenhof wurden, genau wie in Perge, im 2.Jh.n.Chr. mit einer zweistöckigen Säulenarchitektur geschmückt und zu einem Zeremonienhof umgewandelt. Das zweite grosse Tor im Nordosten stammt ebenfalls aus hellenistischer Zeit und hat hinter den rechteckigen Türmen einen quadratischen Innenhof.
Die am grossen Stadtor im Nordosten beginnende Hauptstrasse läuft fast in einer geraden Linie bis zur westlichen Spitze der Halbinsel. An dieser Hauptstrasse befinden sich die wichtigsten öffentlichen Gebäude und Plätze der Stadt. Unter der Hauptstrasse und selbst unter den engsten und kleinsten Gassen ist ein ausgezeichnetes Kanalisationssystem, überdeckt mit Bogengewölbe, was durch Ausgrabungen freigelegt wurde. Ausserhalb der Stadtmauer, gegenüber dem grossen Stadttor, befindet sich die monumentale Brunnenanlage (Nymphäum) und besteht aus einer sehr reich geschmückten Fassade mit drei Nischen und einem Wasserbecken davor. Das für den Brunnen nötige Wasser wurde mittels Rohre herangeführt und floss aus den Wasserspeiern in der Mitte der Nischen.
Die an der Säulenstrasse liegende Agora war der Mittelpunkt aller kulturellen und geschäftlichen Aktivitäten der Stadt. Ihr Eingang liegt dem heutigen Museum gegenüber. Der quadratische Platz ist auf allen vier Seiten von Portiken umgeben. Hinter den nordöstlichen und nordweslichen Portiken sind aneinander gereihte Läden zu sehen. An der südwestlichen Ecke der Agora steht am Theater angrenzend ein interessanter, mit Gewölbe überdeckter Bau, die öffentliche Toilette der Stadt (Latrium) und ist das best erhaltene und zugleich prächtigste Exemplar Anatoliens. Unter den 24 Toiletten verlief die Kanalisation

und vor ihnen floss durch einen Kanal das Wasser zum Waschen.
Genau in der Mitte der Agora war ein der Tyche geweihter, runder Tempel. Der Tempel, von dem heute nur noch das Podium erhalten ist, war von 12 Säulen umringt und trug ein Pyramidendach.
Die südlich der Agora verlaufende Strasse verbindet diese mit einer zweiten Agora, der Staatsagora. Der quadratische Bau ist mit Portiken mit Säulen ionischer Ordnung umgeben. Es wird angenommen, dass der hohe Sockel in der Mitte der Platz zur Vorstellung und Verkauf der Sklaven war. Es ist sehr wahrscheinlich, dass der grosse und reich geschmückte Bau mit drei Räumlichkeiten hinter dem Ostportikus, entweder ein kaiserlicher Palast oder seiner architektonischen Besonderheit entsprechend eine Bibliothek war. Nach den gefundenen architektonischen Teilen zu schliessen, war dieser mit Statuen geschmückte Bau mit Säulen zweistöckig. Die bei den Ausgrabungen zutage geförderten Statuen stehen heute im Museum von Side, nur die Statue der Nemesis wurde, damit man sich eine Vorstellung machen kann, auf ihrem Platz belassen.
Das heute als Museum dienende Agora-Bad ist ein byzantinisches Bauwerk mit 5 Räumlichkeiten, das im 5.Jh.n.Chr. gebaut wurde. Man betritt das Bad durch zwei Türen mit Bogen. Der erste Saal ist das mit einem kleinen Kaltwasserbecken ausgestattete Frigidarium. Von hier aus gelangt man in den von einer Steinkuppel überdeckten Raum zum Schwitzen (Loconicum). Der dritte Saal (Caldarium) ist der beheizte grösste Teil des Bades. Unter den Marmorplatten des Fussbodens verläuft das Beheizugnssystem des Bades. Vom Caldarium gelangt man durch eine schmale Tür in den eigentlichen Badetrakt, dem aus zwei Sälen bestehenden Tepidarium. Vor dem Bad befindet sich die Palaestra für Leibesübunden und ein Hof mit Portiken umgeben. Neben dem als Stadttor dienenden Triumphbogen der Spätzeit steht ein schönes, in den letzten Jahren zum Teil restauriertes Monument. Es besteht aus einer von zwei "Aedikulen" flankierten Nische. Laut Inschrift auf dem Architrav wurde es in 79 n.Chr. zu Ehren des Kaisers Vespasian und seines Sohnes Titus errichtet. Das Monument wurde bei Errichtung der Spätzeit Stadtmauern im 4.Jh.n.Chr. von einem anderen Platz in der Stadt hierher gebracht und in einen Brunnen umgebaut.
Das auf den Grundmauern des hellenistischen Theaters in der Mitte des 2.Jh.n.Chr. errichtete Side Theater ist hinsichtlich Plan und Technik das einzige Exemplar in Anatolien. Da es in Side keine Hügel gibt, nutzte man das Geländeniveau aus und setzte das untere Stockwerk auf natürlichem Boden, das obere Stockwerk auf einen Gewölbeunterbau. Die Cavea wird von einer 3.30 m. breiten Diazoma in zwei Teile geteilt. Der untere Teil hat 29 Sitzreihen, von den oberen 29 Sitzs-

Der antike Hafen von Side bei Sonnenuntergang

Side in der Nacht

reihen sind durch Einsturz nur 22 Sitzreihen bis in unsere Zeit gelangt. Das Theater war mit einer Kapazität von 16-17000 Zuschauern das grösste Pamphyliens. Die Aussengalerie des Erdgeschosses hatte 14 Läden und 5 Eingänge. Von diesen Eingängen gelangte man über eine breite und bequeme Treppe zur Diazoma. Von den Innengalerien gelangt man wieder über Treppen zum oberen Teil. Ausserdem sind an beiden Enden der Galerien Eingänge vorhanden, die wahrscheinlich für die Schauspieler und Bediensteten bestimmt waren.

Der Orchestra-Teil ist etwas grösser als ein Halbkreis und wurde zu späterer Zeit von einer ziemlich hohen und starken Brüstungsmauer umgeben, für die man einige der ersten Sitzreihen opfern musste. Die Innenseite des Orchestra-Teiles hatte einen wasserundruchlässigen ro-

Geschäftsviertel von Side

Der Apollon Tempel in der Nacht

Allgemeine Ansicht des Theaters

Ansicht der Agora

safarbenen Wandverputz, woraus geschlossen werden kann, dass dieser Teil von Zeit zu Zeit mit Wasser gefüllt und als Wasserbecken für Seeschlacht - und Wasserspielen verwendet wurde; auch ist es sicher, dass hier Kämpfe wilder Tiere stattfanden. Oder wie im Zirkus, Kämpfe zwischen Mensch und Tier ausgefochten wurden. Manchmal aber wurden auch waffenlose Verurteilte, Sklaven oder Kriegsgefangene den wilden Tieren vorgeworfen, deren aussichtslose Kämpfe mit vulgärem Genuss betrachtet wurden.
Das vor dem Orchestra-Teil befindliche 63 m. lange Bühnengebäude setzt sich aus einer auf einem breiten Podium erhebenden zweistöckigen Fassade zusammen. Fünf enge Eingänge stellten die Verbindung zwischen der Agora und dem Orchestra-Teil her. Die mit einer reichen Säulenarchitektur, Nischen und Statuen geschmückte Fassade (Scenae Frons) hatte im Erdgeschoss fünf grosse Bühneneingänge für die Schauspieler. Die Wand zwischen den Türen war genau wie im Theater von Perge mit Dionysos-Friesen geschmückt. Während den neu begonnenen Restaurationsarbeiten sind Reliefstücke des Bühnengebäudes auf die Agora gebracht worden. Während der unruhigen Zeit des 4.Jh.n.Chr. wurden in der Stadt neue Innenmauern gebaut und man benutzte dabei auch die Aussenwände

Ansicht des Apollon Tempels aus der Luft

des hohen Bühnegebäudes. Im 5. und 6.Jh. wurde das Theater als Freilichtkirche verwendet, die Fussböden der Eingänge wurden mit Mosaiken verlegt und in kleine Kapellen verwandelt.
Die schönsten und verschiedenartigsten Exemplare der Tempel in Pamphylien kann man in Side finden. Am Südende der Halbinsel am Meer, direkt neben dem Hafen erheben sich nebeneinander zwei prächtige Tempel. Die Tempel aus der 2. Hälfte des 2.Jh.n.Chr. sind Marmorbauten. Es sind Peripteros-Tempel mit je 6 Säulen an der Breit- und je 11 Säulen an der Langseite in korinthischer Ordnung. Im 5.Jh.n.Chr. baute man vor sie eine grosse Ba-

Der grosse Strand und die Hotels von Side

Eine Ansicht des Side

Blätterteig vorbereitende Frauen

Der Apollon Tempel

Der Side Strand

silika, deren Atrium die Tempel aufnahm und sie ziemlich zerstört wurden. Auf Grund der bei Ausgrabungen gefundenen Architekturteilen jedoch konnte man die ursprüngliche Form der zwei Tempel rekonstruieren. Zieht man in Betracht, dass Athene als Beschützerin der Seeleute und der Häfen die Hauptgöttin Side's war, so darf man annehmen, dass der grössere der zwei Tempel dieser Göttin geweiht war. Der andere wird Apollon geweiht gewesen sein.

Weiter östlich vom grossen Platz an dem die Säulenstrasse endet, befindet sich der halbkreisförmige Tempel des Gottes Men. Man betritt die Cella auf einem hohen Podium über eine im Westen befindliche Treppe. Am Ende der Treppe sind vier Säulen mit korinthischem Kapitell zu sehen. Der Tempel wird ans Ende des 2. Jh.n.Chr. datiert.

Von dem kleinen Pseudoperipteral-Tempel zwischen der Säulenstrasse und dem Theater, der in die frührömische Zeit datiert wird, ist nur noch das Podium erhalten. Man betrat den Tempel von Norden über eine siebenstufige Treppe. Vor der Cella standen vier rote Granitsäulen mit korinthischem Kapitell. Auf Grund der Beziehung des Tempels zu dem Theater wird angenommen, dass er dem Gott Dionysos geweiht war.

Das grösste der drei Bäder Side's war der aus dem 3. Jh.n.Chr. stammende, an der Säulenstrasse gelegene 40 x 55 m. grosse und schöne Bau. Der in äusserst gutem Zustand erhaltene Bau besteht aus mehreren miteinander verbundenen Räumlichkeiten, überdeckt mit Gewölbe. Der vor dem Bad befindliche grosse Hofraum war die Palaestra.

Übermenschliche Anstrengungen mussten die Einwohner von Side zeigen, um ihren grossen Bedarf an Wasser zu decken. Der Wasserbedarf wurde aus der Quelle des Melos Flusses (der heutige Manavgat Çayı) gedeckt und das Wasser erreichte nach Überwindung vielerlei Abendteuer, nach 30 km. die Stadt. Um dieses Ziel zu erreichen, musste das Wasser durch Kanäle in Felsen, durch Tunnels mit Gewölbe und durch Täler, an manchen Stellen über zweistöckige monumentale Aquädukte fliessen bis es endlich zu den Hauptzisternen in der Stadt gelangte, wo es gesammelt wurde und von hier aus durch Leitungen in die einzelnen Stadtviertel verteilt werden konnte. Aussserhalb der Stadtmauern befinden sich grosse Nekropolen. Man sieht hier die verschiedensten Gräber: von einfachen rechteckigen Erdlöchern über einfache oder Relief geschmückte Sarkophage bis zu prächtigen Grabdenkmälern in Form von Tempeln; sie bilden die Nekropole, d.h. die Totenstadt. Das schönste Exemplar eines solchen Grabdenkmals befindet sich in der Westnekropole, in der Nähe des Meerufers. Dieser als Tempel angelegte Bau mit einer 4- Säulenfront stand auf einem Podium, das man über eine Treppe an der Vorderseite erreichte. Im Innenraum standen marmorne Sarkophage in Bogennischen. Der ins 2. Jh.n.Chr. datierte Bau mit seinem schmucken Innenhof war die Grabstätte einer reichen Familie.

Die in 1947 von türkischen Archäologen begonnenen Ausgrabungen dauern mit Unterbrechungen noch an.

Monumentale Bibliothek

Die Bibliothek von Side

DAS MUSEUM VON SIDE

Das Museum von Side ist im Agora-Badehaus, das im 5. Jahrhundert n. Chr. gebaut wurde, untergebracht. Das Gebäude wurde in den Jahren 1955-1961 von türkischen Archäologen durch Ausgrabungsarbeiten ans Tageslicht gebracht, dann restauriert und in ein Museum verwandelt und zuletzt in 1961 zur Besichtigung geöffnet.
Man betritt das Museumgelände indem man die antike Strasse in der Nähe der Philippus Atticus Mauer verfolgt. In der Antike bestand das Bad aus fünf Sälen, die mit Gewölben überdeckt waren. Bei den Restaurationsarbeiten wurden nur drei Abteilungen überdeckt. Damals betrat man das Bad durch die Tür der Palaestra, die zum Frigidarium führte. Heute betritt man das Museum durch das Tepidarium. Die Inschriften, die bei den Ausgrabungen in Side gefunden wurden, werden hier ausgestellt. Vor der Mauer des Frigidariums steht eine grosse Statue der Nike. Diese Siegesgöttin mit Flügeln wird in jenem Augenblick dargestellt, in welchem sie vom Himmel herabschwebend den Erdboden berührt. Zu ihren Füssen liegt die Kriegsbeute, die vom Feind erbeutet wurde. Das Werk wird ins 2. Jahrhundert datiert.
Man betritt das Frigidarium durch eine kleine Tür, den ersten Saal mit dem runden Kaltwasserbassin, der Kühlraum des Bades. Der Säulenfuss aus Basalt in der Mitte des Saales ist das älteste Fundstück in Side. Dieser Fuss wird in die Spätrhethiter-Zeit (7. Jahrhundert v. Chr.) zurückdatiert und wurde in der Nähe des Athena Tem-

Das Museum von Side

Hermes, 2.Jh. n. Chr.

pels gefunden. Mit grosser Wahrscheinlichkeit wurde er von einem Kaufmann aus Side auf einer Reise in die südöstlichen Küsten gekauft, nach Side gebracht und dem Tempel zum Geschenk gemacht.

An der Wand gegenüber dem Kaltwasserbassin werden Reliefs ausgestellt, die die Kriegsbeuten darstellen, die im 2. Jahrhundert v. Chr. von der Stadt nach einer Schlacht vom Feind erbeutet wurden.

Das Caldarium ist der grösste Saal des Bades und hat fünf Wasserbassins. Die hier ausgestellten Werke sind in Nischen hinter den Bassins untergebracht. In den zwei Nischen des grossen Bassins links der vom Lonconicum hereinführenden Tür sind bekleidete Frauenstatuen zu sehen, deren Originale der hellenistichen Zeit angehören. In der Nische des linken der zwei halbrunden Wasserbassins zieht eine interessante Brüstungsplatte aus dem 2. Jahrhundert n. Chr. die Aufmerksamkeit auf sich, die die Bestrafung des Iksion (Ixion) behandelt. Zur Verehelichhung mit seiner Tochter verlangte der Schwiegervater Iksion's Geschenke von diesem. Iksion versprach seinem Schwiegervater Geschenke, falls dieser der Heirat zustimmte. Nach der Hochzeit aber hielt Iksion sein Versprechen nicht, was zur Entzweiung mit dem Schwiegervater führte. Iksion lud seinen Schwiegervater unter dem Vorwand der Versöhnung und der Geschenkübergabe zu einem Festessen in sein Haus ein. Der arme Mann aber, der voller Hoffnung dieser Einladung Folge leistete, wurde nach dem Gastmahl in eine Feuergrube geworfen, in welcher er am lebendigen Leib verbrannte. Dieser abscheuliche Mord hat grossen Zorn unter den Menschen und Göttern hervorgerufen und niemand hat Iksion verziehen.

Diesem Mann, der jedermanns Hass auf sich zog, ist es irgendwie gelungen, die Gunst des Vaters der Götter Zeus zu erwerben, wodurch ihm seine Tat vergeben wurde. Er wurde nicht nur begnadigt, sondern auch an die Tafel der Götter eingeladen. Dieser niederträchtige Mörder vergass seine Begnadigung durch Zeus, versuchte an der Tafel der Götter sich der tugendhaften Gemahlin von Zeus, Hera, unkeuscherweise zu nähern, ja ihr sogar seine Liebe zu gestehen. Zeus nahm ihm dies sehr übel, gab einer Wolke die Gestalt von Hera und schickte sie zu Iksion. Iksion, der zuviel vom Nektar, Wein der ewigen Jugend, zu sich genommen hatte und vollkommen betrunken war, streckte seine Arme aus, um dieses Trugbild zu umarmen. Als Zeus dies sah, band er den undankbaren Iksion auf ein brennendes Rad und verdammte ihn somit zu einer ewigen Folterung. Dieses Rad dreht sich ohne zu rasten und der ehrlose Iksion muss ewig brennen. Die Statue am Rand des gleichen Bas-

Bestrafung Ixion's, 2. Jh. n. Chr.

Die drei Grazien, 3.Jh.n.Chr.

der Flussggott Melas (der Manavgat Fluss). In der Antike wurden auch Flüsse, die den Städten Leben und Gedeihen gaben, als Götter verehrt und wurden im allgemeinen als liegende männliche Figur dargestellt. Das aus dem Tongefäss sich ergiessende Wasser symbolisiert den schäumend dahinfliessenden Melas Fluss.

Die Herakles Statue in der Mitte des Saales steht im Zusammenhang mit einer seiner schwierigen und gefährlichen 12 Taten, die er erfolgreich beendet hat. Herakles erhält den Befehl, von einem unbekannten Land, in welchem im Garten der Hesperiden Bäume mit goldenen Äpfeln wachsen, von diesen goldenen Äpfeln zu bringen. Herakles muss auf dem Weg viele Schwierigkeiten überwinden und kommt schliesslich an die Pforte des Gartens. Dort, am Ende der Welt, steht der Riese Atlas, der dazu verurteilt wurde, die Erde über seinem Kopf, auf seinen hochgestreckten Arme zu tragen. Herakles fragt Atlas, was er machen muss, um an die goldenen Äpfel zu kommen. Der arme Riese, der den Himmel auf seinen Schultern trägt, sagt zu Herakles, dass er für eine Weile die Erde tragen solle, während er die goldenen Äpfel holen geht. Herakles ist einverstanden und nimmt die Welt auf seine Schultern. Atlas kommt mit den Äpfeln zurück, sagt aber, dass er die Äpfel selbst überbringen werde. Herakles, der zwar über diese List böse ist, lässt sich nichts anmerken, tut so als ob er einverstanden wäre. "Gut", sagt er," nimm Du die Äpfel, aber bevor Du weggehst, halte für einen Moment die Welt, damit ich mir ein Kissen auf den Kopf legen kann." Atlas, der keinen Argwohn schöpft, nimmt die Welt wieder auf seine Schultern. Herakles, der von der schweren Last befreit ist, nimmt die Äpfel und macht sich auf den Weg zu seinem Herrn.

Die Statue zeigt Herakles mit den auf seinem Rücken versteckten Äpfeln. Das Werk stammt aus dem. 2. Jahrhundert n. Chr.

Gegenüber der Tür, die zum Tepidarium führt, steht die Gruppe der drei Grazien. Die drei Grazien dienten seit hellenistischer Zeit vielen Kunstzweigen als Gegestand. Diese Statuengruppe stammt aus dem 2. Jahrhundert n. Chr. und wurde bei den Ausgrabungsarbeiten am Theater gefunden.

Vom Caldarium aus betritt man durch eine schmale Tür das Tepidarium, das den eigentlichen Baderaum das Bades darstellt. Die schönsten Werke der Bildhauerkunst der Museensammlungen sind hier ausgestellt. Der Hermeskopf aus Marmor, der ein Meisterwerk der Bildhauerkunst ist, wurde im Brunnen neben dem Museum gefunden und stammt aus dem 2. Jahrhundert n. Chr. Wenn man aber das Werk genauer betrachtet, so merkt man, dass zwei Ansatztücke direkt auf dem Kopf, dem Werk zu einer späteren Zeit hinzugefügt worden sind. Es kann sein, dass gegen Ende des 3. Jahrhunderts n. Chr. aus irgend einem Grund, der Flügelhut (Petasos), der das bekannte Symbol von Hermes ist, von der Statue abgeschlagen und diese Göt-

Kaiserstatue, Körper 2.Jh.n.Chr., Kopf 3.Jh.n.Chr.

Statue des Herakles, 2. Jh.n.Chr.

terstatue in eine Apollon-Statue verwandelt wurde. Die Kaiserstatue in der letzten Nische im Saal ist sehr interessant, da sie zwei verschiedene geschichtliche Epochen wiederspiegelt. Der Körper des Kaisers mit Rüstung entstammt in künstlerischer Hinsicht dem 2. Jahrhundert n. Chr. Der Kopf aber zeigt Merkmale des 4. Jahrhunderts n. Chr. und ist im Vergleich zum Körper proportionsmässig zu klein geraten. Ab Mitte des 2. Jahrhunderts n. Chr. wurden die Haare und der Bart in grossen langen Locken getragen, während im 4. Jahrhundert n. Chr., im Einklang mit der herrschenden Mode, die Locken abgeschlagen und behauen, mit Meissel ein kurzer Haar - und Bartschnitt gegeben wurde. In der Spätrömerzeit wurde diese Methode sehr oft angewandt, wodurch man mit diesen kleinen Änderungen bei Herstellung der Statuen der sich abwechselnden Kaiser an Zeit und Geld sparte. Der Körper der alten Statue blieb unverändert, während man einen neuen Kopf montierte oder wie oben beschrieben, der alte Kopf mit kleinen Änderungen der Mode angepasst wurde.
Die erste Statue in der linken Reihe in der Mitte des Saales stellt einen Diskus werfenden Athlet

Ein Sarkophagstück, 3. Jh.n.Chr.

Ein Fries mit Adler

Geburt der Aphrodite, 2.Jh.n.Chr.

Pamphylischer Sargophag mit Eroten, 2.Jh.n.Chr.

dar, stammt aus dem 2. Jahrhundert n. Chr. und ist eine schöne Kopie des berühmten Originals aus dem 5. Jahrhundert v. Chr. Der Athlet wurde im Moment des Werfens dargestellt.
Die Hermes-Statue in der rechten Reihe zieht sofort die Aufmerksamkeit auf sich. Der Schutzpatron der Diebe, Kaufleute, Hüter der Grenzen, Götterbote hält in der rechten Hand einen Geldbeutel. Links neben ihm Herme als Stütze mit bärtigem Haupt und Pallus. Das Werk stammt aus dem 2. Jahrhundert n. Chr.
In der Mitte des Saales sieht man zwei Sarkophage und einen runden Opferalter. Der vordere Sarkophag aus dem 2. Jahrhundert n. Chr. trägt die Merkmale des attischen Stils. Auf dem sattelförmigen Deckel ist eine liegende Figur dargestellt. An den drei Seiten des Sarkophags ist ein Feierzug von Musikinstrumente spielenden, lieblichen, drallen Kindern dargestelt. Das Thema endet an einer der Schmalseiten mit einer Opfersszene. An der Rückseite des Sarkophages sind zwei grob ausgeführte, sich gegenüberstehende Greife zu sehen.
Die Palaestra und Ladengeschäfte-Abteilungen des Bades bilden heute den Garten des Museums. Im Garten sind Funde von Ausgrabungen in Side wie Sarkophage, Osteotheke und architektonische Werke ausgestellt.

Mosaik aus Seleukia

SELEUKIA (PAMPHYLIEN)

Seleukia war eine Stadt Pamphyliens und befindet sich in 23 km. Entfernung von Side und in der Nähe des Dorfes Şıhlar. Fahren Sie von Side kommend nach Seleukia, so sehen Sie unterwegs den Aquädukt, der einst Stadtwasser nach Side führte. Diese antike Stadt war im Norden, Osten und Westen durch eine steile Felswand geschützt. Nur im Süden befand sich eine Stadtmauer zum Schutz. Ein Tor, zu beiden Seiten je ein Turm, ermöglichte das Betreten der Stadt. Dem Tor gegenüber befand sich eine römische Agora, die mit Einkaufsgalerien in dorischer Ordnung umgeben war, Die Galerie war zweistöckig, von der nur das untere Stockwerk erhalten geblieben ist, da das obere Stockwerk aus Holz gebaut war. Durch vier Haupteingänge konnte man die Agora betreten. Der Fussboden der Nordstoa war mit einem Orpheus - Mosaik ausgelegt, das heute im Museum von Anlatya ausgestellt wird.

İm Südosten und neben der Agora stand ein Palast, ein Bauwerk in Form eines Halbkreisses mit vier Haupttüren. Im Norden der Agoro ein Heroon mit einem Podium und mit einer Fassade, die vier Säulen hatte. Im Westen der Stadt das Bad, von dem heute nur eine Mauer übrigblieb. Viele andere Überreste sind hier zu sehen, aber es ist nicht immer leicht zu sagen, um welche Baureste es sich handelt, Dekorative Stücke, die hier gefunden wurden, befinden sich im Museum von Antalya, unter welchen sich eine Brozestatue des Apollon, ein Kopf des Asklepios, das oben genannte Orpheus Mosaik und eine Statuette der Leto, befinden.

Apollon Statue (Bronze, 2.Jh.n.Chr.)

DER MANAVGAT WASSERFALL

Manavgat ist ein weiterer schöner Ort am Fluss dieser Region. Dieser 5 m. hohe Wasserfall ist nicht so mächtig wie der Düden Wasserfall, aber die Wassermenge die sich hier über die Felsen ergiesst, gibt ein stattliches Bild. In einem der kleinen Restaurants können Sie frische Forellen vom Manavgat Fluss, der dafür berühmt ist, unter schattenspendenden Bäumen essen. Manavgat liegt in 70 km. von Alanya und in 80 km. von Antalya entfernt.

Ansicht von Manavgat aus der Luft

Ansicht des Manavgat

Ansicht des Manavgat Wasserfalles aus der Luft

SELGE

Selge ist eine an den Südhängen der Taurus-Berge gegründete, mit natürlicher Befestigung versehene, schwer erreichbare, wichtige pisidische Stadt. Folgt man dem mit interessanten Felsen, Bächen und kleinen Wasserfällen geschmückten Waldweg, so erreicht man über eine römische Brücke die Stadt. Auf Grund dieses Reichtums an Natur und Geschichte wurde das ganze Gebiet in den Brücken-Canon-Nationalpark aufgenommen.
Laut Strabon war Kalchas der Gründer von Selge und später wurde sie von den Lakedaimonen ein zweites Mal neu besiedelt. Die erste Kolonisation erfolgte im Zusammenhang mit dem trojanischen Krieg gegen Ende des 2. Jahrtausends v.Chr., zur Zeit der dorischen Wanderungen, die zweite Anfang des 7.Jh.v.Chr. durch Kolonisten aus Rhodos. Allerdings wurden bei den in der Stadt durchgeführten Nachforschungen bis jetzt noch keine Urkunden als Beweis für diese Kolonisation gefunden. Es ist jedoch ziemlich unwahrscheinlich, dass die Kolonisten sich gerade einen so entfernt in den Bergen liegenden Ort als Siedlung ausgesucht haben sollen.
Unter den pisidischen Städten ist Selge die erste Stadt die Münzen prägte. Die ab dem 5.Jh.v.Chr. von Selge nach persischem Vorbild geprägten Silberstater zeigen eine erstaunliche Ähnlichkeit mit den aus Aspendos, ihrer Zeitgenossin, stammenden Münzen, sodass sie kaum unterscheidet werden können. Auf der Vorderseite der Münzen sind zwei Ringkämpfer, auf der Rückseite ist eine Figur mit Schleuder dargestellt, der Name der Stadt wird als Stlegiys oder Estlegyis geschrieben. Diese einheimischen Namen sind ein philologischer Beweis dafür, dass im 5.Jh.v.Chr. immernoch die pisidische Sprache in Selge in Gebrauch war, die mit der seit dem 3. Jahrtausend v.Chr. in Pisidien gesprochenen Luvca Sprache verwandt ist.

Allgemeine Ansicht des Selge Theaters

Eine kontinuierliche Verfolgung der Geschichte der Stadt ist nicht möglich. Laut Quellenüberlieferung stellte sich Selge beim Erscheinen Alexander d. Grossen in Pisidien, aus alter Feindschaft mit Termessos, auf die Seite des Mazedonenkönigs. Auf Grund der Neigung Selge's ihre Macht in der Region ständig auszubreiten, konnte sie nie in Frieden mit ihren Nachbarn leben, stand ständig auf Kriegsfuss mit ihnen. Ein interessantes Ereignis im Zusammenhang mit Selge erfährt man von Polybios. In 218 v.Chr. kämpften die beiden pisidischen Städte Selge und Pednelissos miteinander. Selge hat eine grössere Bevölkerungszahl und kann ca. 20.000 Krieger bereitstellen. Selge hat viele pisidische Städte sich untertan gemacht und hat Pednelissos belagert. Die Bevölkerung von Pednelissos wendet sich um Hilfe an Achaios, Onkel des syrischen Königs Antiochas III., der seinen General Garsyeris beauftragt, die Stadt von der Belagerung zu befreien. Die Forstetzung des Ereignisses schildert Polybios wie folgt: "............ Die Einwohner von Pednelissos ersuchten Achaios um Hilfe. Dieser schickte seinen Getreuen Garsyeris mit 6500 Leuten zur Hilfe. Selge aber hatte den Pass besetzt, die Zugänge abgeschnitten und verhinderte so das Vorankommen von Garsyeris. Garsyeris erfuhr auf dem Weg von Milyas nach Kretopolis, dass die Pässe gesperrt waren und kehrte um. Daraufhin zogen sich auch die Einwohner von Selge zurück und ernteten ihre Felder ab. Dies war jedoch eine Kriegslist, denn Garsyeris kehrte sofort zurück, nahm den Pass von Kretopolis ein, liess dort eine Streitkraft zurück und zog weiter nach Pamphylien und nahm in Perge Kontakt mit den Feinden Selge's auf und erhielt das Versprechen für Hilfe von ihnen. In der Zwischenzeit versuchte Selge, den von Garsyeris besetzten Pass wieder in ihre Hände zu bekommen, wurde aber besiegt. Der Krieg mit Pednelissos ging in seiner ganzen Heftigkeit weiter und Selge hob die Belagerung nicht auf. In Pednellissos gingen die Essvorräte zu Ende, worauf Garsyeris beschloss, 200 Mann mit je einem Sack Getreide in die Stadt zu schleusen. Dieser Versuch misslang jedoch und alles fiel in die Hände von Selge. Nach diesem Erfolg gingen sie zum Angriff über. Unter Zurücklassung einer kleinen Streitmacht vor Pednellissos, griffen sie mit ihrer ganzen Macht Garsyeris an und trieben ihn in kurzer Zeit in die Enge. Schliesslich besiegte Garsyeris seine Feinde, indem er durch einen Überraschungsangriff mit seinen Reitern in deren Rücken fiel. Gleichzeitig besiegten die Krieger von Pednelissos die dort zurückgelassenen Feinde. Es war eine bittere Niederlage für Selge. Sie verloren 10.000 Mann. Die übriggebliebenen flohen in die Stadt zurück. Garsyeris liess Selge keine Atempause; er nahm sofort die Verfolgung auf, besetzte die Pässe und erschien vor Selge. Das vollkommen mutlos gewordene Volk von Selge schickte ihren prominenten Bürger Logbasis als Gesandten. Logbasis verriet aber das in ihn gesetzte Vertrauen und übergab Selge an Garsyeris. die Stadt wurde sofort besetzt. Garsyeris zog die Friedensverhandlungen bis zur Ankunft von Achaios in die Länge. Nach Ankunft liess Achaios durch Logbasis mit einer List die Bewohner von Selge zu einer Versammlung berufen. Auch alle Wachtposten, die für die Sicherheitsmassnahmen zuständig waren, nahmen an der Versammlung teil. Während dieser Volksversammlung nahte Achaios, um mit Hilfe von Logbasis die Stadt und den vor der Stadt stehenden Zeus-Tempel, der Kesbedion genannt wurde, zu besetzen. Nur durch einen Zufall blieb dieser List der Erfolg versagt. Ein Schäfer sah das sich nahende Heer und gab Nachricht. Die Einwohner von Selge versammelten sich genau zum richtigen Zeitpunkt. Zuerst überfielen sie das Haus von Logbasis, tötenen ihn, seine Söhne und alle seine Leute, dann eilten sie zur Verteidigung der Stadt. Sogar alle Sklaven wurden freigelassen. Achaios wurde zurückgeschlagen und erlitt grosse Verluste. Selge bot anschliessend sofort Friedensverhandlungen an. Unter Bedingung vorerst 400 Talent und später nochmals 300 Talent zu bezahlen und die Kriegsgefangenen der Stadt Pednelissos freizulassen, wurde der Frieden geschlossen. Somit erhielt Selge ihre Freiheit und ihre Ländereien wieder zurück...."

Wie ersichtlich, konnte Selge am Ende dieses Kampfes wohl ihre Freiheit wahren, musste aber dafür eine sehr hohe Entschädigungssumme bezahlen. Das Aufbringen dieser Summe zeigt, dass die Stadt sehr reich war. Strabon erzählt über die natürliche Schönheit der Stadt, über die ertragreichen Weinberge, die weithin sich erstreckenden Viehweiden und lobt auch den Erfolg der Bevölkerung in geschäftlichen Angelegenheiten und berichtet, dass sie viele Geschäftsreisen in die Ferne unternehmen würden. Zu den wichtigsten Ertragsquellen der Stadt zählten Oliven, Wein und verschiedene Heilkräuter für die Medizin.

Selge verlor eine Zeit lang ihre Unabhängigkeit, als sie der in 25 v.Chr. gegründeten Provinz Galatia angehörte. Später unter der römischen Herrschaft unterhielt sie fast immer gute Beziehungen zum Reich. Sogar als sich gegen Ende des Römischen Reiches die Ordnung innerhalb der Provinz auflöste, bewahrte sie beharrlich ihre Unabhängigkeit und machte nicht einen Zentimeter Konzession von ihrem geliebten Boden. Sie prägte bis zum 3.Jh.n.Chr. viele Münzen, was bedeutet, dass ihre wirtschaftliche Lage nach wie vor blühte. Der von Kaiser Theodosius (379-395 n.Chr.) in Phrygien angesiedelte gotische Feldherr Tribigild hat kurze Zeit danach rebelliert, Kleinasien plündernd in Brand gesteckt. Er griff auch Selge an, wurde aber zurückgeschlagen (399 n.Chr.). Dieses Ereignis beweist, dass Selge nichts von ihrer ehemaligen Macht eingebüsst hatte.

Selge war auf drei Hügeln gegründet und von

Römische Brücke

Stadtmauern umgeben. Die zum Teil heute noch erhaltenen Stadtmauern hatten neben 7 Haupteingangstoren noch hohe Beobachtungstürme im Abstand von je rund 100 m. Der erste Baurest bei dem heutigen Dorf Zerk ist ein Theater in griechischrömischen Stil. Das Theater, dessen Unterbau auf einem Felshang errichtet wurde, hat eine hufeisenförmige Cavea, die durch eine Diazoma in zwei Teile geteilt ist. Die untere Hälfte hat 30, die obere 15 Sitzreihen. Die erste Sitzreihe der unteren Hälfte hat Steinsessel. Das Theater verfügte über rund 9000 Sitzplätze. Vier verschiedene Eingänge führten von draussen in die Diazoma. Zwischen der Cavea und dem Bühnengebäude befanden sich gegenüber liegende Gänge mit Gewölbe zum Ein- und Ausgang. Das im römischen Stil gebaute Bühnengebäude ist heute leider nur noch ein Steinhaufen. Es kann jedoch angenommen werden, dass eine Säulenfassade mit fünf Toren, die ins 2.Jh.n.Chr. datiert werden, vorhanden war.

Direkt neben dem Theater befinden sich die gegenüber liegenden Sitzreihen des ziemlich zerstörten Stadions. Nach den vorhandenen Resten zu schliessen, ist es etwas kleiner als ein normales Stadion. Es konnten einige Inschriften gefunden werden, die über die im Stadion von Selge errungenen Siege und Erfolge berichten. Ein Grossteil dieser Wettkämpfe hatte lokalen Charakter und wurden von Sportlern aus Selge ausgefochten. Alle vier Jahre wurden allerdings auch grossregionale Festspiele und Wettkämpfe abgehalten.

Auf dem höchsten Hügel im Westen befinden sich Baureste von zwei Tempeln. Es ist anzunehmen, dass dies der von Polybios als Kesbedion bezeichnete Ort ist. Aus diesem Grund muss der 17 x 34 m grosse Peripteros-Tempel dem Hauptgott der Stadt, Zeus gehören. Der kleine Tempel mit "templum in antis" Plan könnte, nach einer in seiner Nähe gefundenen Inschrift, der Göttin Artemis gehört haben.

Hinter diesem Hügel liegt eine riesengrosse runde Zisterne mit 21 m Durchmesser. Die Zisterne wurde nicht nur von Regenwasser, sondern auch von einem aus nordwestlicher Richtung kommenden Wasserkanal gespeist.

Die anderen hauptsächlichen Bauten der Stadt befinden sich zwischen diesem und einem südöstlichen Hügel. Die auf einem abfallenden Gelände angelegte ziemlich lange Säulenstrasse, das Nymphäum und das Bad sind leider sehr stark zerstört.

Auf dem südöstlichen Hügel befindet sich die auf drei Seiten geschlossene, quadratische grosse Agora. Der Bau neben der Agora mit Apsis gehört einer aus späterer Zeit stammenden Basilika.

Die im allgemeinen aus römischer Zeit stammenden Ruinen zeigen, dass Selge vor allem im 2.Jh.n.Chr. eine reiche und vornehme Stadt war.

In Selge wurden noch keine archäologischen Ausgrabungsarbeiten vorgenommen.

Rafting auf dem Köprülü Fluss

Eine andere röm. Brücke auf dem Köprüçay Fluss